An Introduction to Japanese Diplomatic History

はじめて学ぶ

日本外交史

大東亜会議、1943年（中央の人物は東条英機）

Sakai Kazuomi

酒井一臣 著

昭和堂

はじめて学ぶ
日本外交史

目　次

第1部　開国と文明国標準

第2部　一等国への道

第3部　国際協調はなぜ失敗したか

第4部　敗戦と2度目の開国

第5部　経済大国への道

はじめて学ぶ日本外交史

序 外交史をまなぶ
《「今」を理解するために》

■文明国標準

日常生活や身の回りの物を考えてみよう。ベッドから起きだし、パンを食べ、スーツや制服を着て出かける。イスに座って机で仕事や勉強をする。当たり前のことだが、多くは西洋諸国を通じて入ってきたものだ。社会のしくみはどうか。自由・権利・プライバシーなどの考え方や国会・憲法・株式取引などの制度、これらも西洋文明から学んだ。日本独自の生活様式や価値観なども残っているが、私たちは西洋文明に由来する事物にとりかこまれて生きている。なぜ、そうなったのか。この本では、日本の近現代史をたどりながら考えてみようと思う。

現在の私たちの生活は、世界と密接な関係のうえに成り立っている。あらゆる物資が輸出入され、膨大な情報も国境を越えて出入りする**グローバリゼーション**の時代である。国際化という場合は国家と国家の関係を前提としているが、いまや、メールを使えば簡単に海外の友人に連絡ができ、インターネットで世界中の商品をカード決済で購入できる。国境の役割が低下し、人や情報・金・物資が猛烈な勢いで動き回って、世界の一体化は加速度的にすすんでいる。それがグローバリゼーションだ。

世界の一体化は、15世紀ごろから西欧諸国が世界中に進出を開始したあたりから徐々に進んでいった。工業化に成功したヨーロッパ諸国は、経済力と軍事力を強め、世界各地を支配下においた。軍事力などのハードな**パワー**は、文化や価値観を押しつけたが、押しつけられた側も西洋文明にあこがれを抱いて、それを積極的に受け入れることもあった。ハード・パワーである軍事力だけでなく、経済力・言語・生活様式・社会制度など、西洋文明のソフト・パワーも世界を席巻したのである。

19世紀には、西欧地域の優位が決定的になり、西洋文明こそが「正しい」人類の発展経路であり、西洋人＝白人がほかの人種より優れているという認識が定着していった。西欧諸国は、西洋文明をうみだした自分たちを「文明国」とし、西洋文明に適応できない地域を遅れた「未開国」とみなした。その際、文明国と未開国を区別する基準となったのが、「文明国標準」（the standard of Civilization）だった。これは、法律・社会・経済制度にくわえ、制度の背景にある価値観・宗教、はては生活様式にいたるまで、西洋文明国の基準で文明化の度合いを判別する考え方である。

西洋文明以外の地域では、圧倒的な西欧諸国の力を前にして、時にはイヤイヤながら、時にはみずからすすんで文明国標準に適応して変化していった。私たちの身のまわりに西洋文明由来の事物があふれていること、グローバル化の基本的要素が英語をはじめとする欧米諸国の基準を基本としていることの原因は、ここにある。

■社会外交史

外交というと、縁遠いものと思われるかもしれない。たしかに、国家間の外交交渉や、商社の貿易業務には関係がない人が多い。しかし、世界の一体化が進むなかで、私たちの日常は国際関係と切っても切り離せない関係になっている。どんなに外国嫌いの人でも、全く海外情勢に関心のない人でも、どこかの国の旱魃《かんばつ》が毎日の食卓に影響するのをさけることはできないし、輸入品と全く無関係には暮らせない。発電用の石油も輸入に頼っている。

現在の日本はもちろん、世界中のどこの人びとも、ヒト・モノ・カネのグローバルな動きに関わっている。つまり、外交官や貿易業者でなくとも、わたしたちは世界の動きに影響をうけているのである。よって、外交や国際関係の視点から、社会の変動や人びとの思考様式を考察することが重要になる。外交や国際関係から日本社会のありかたを考えること。これを私は「社会外交史」と呼びたい。外交史というと、条約の難解な解釈論、もしくは戦争の歴史と思われるかもしれないが、身近なできごとも外交史の延長線上にある。この本は、日本の明治から現代までの社会外交史を45の項目にわけて考察する。それは、決して遠い時代や別の世界のことではなく、今につながるドラマなのだ。

■本書の読み方

文明国標準？　社会外交史？　そんな難しそうなことには関心がないんだけど……。

どうぞ、そういう方こそ、この本を読んでください。この本は、入門書の入門です。

「外交を学びたい」と言われると、専門家はつい難しいアドバイスをしてしまう。ちょっと思いついて知りたい人には、専門論文や史料を読みなさいといわれても困ってしまう。この本は、仕事や勉強に追われるサラリーマンや学生、授業準備にエピソードを探している中学・高校の先生方に、満員電車の中や家で寝転んででも読めるように書いた。そのため、1つの項目が、一度ページをめくるだけの見開き2面で完結するように構成した。気になる項目をどこから読んでいただいてもかまわない。本を読むために辞書を引かないでもいいように、専門用語は太文字にして注釈をつけた。

もちろん、歴史学や国際関係学は、簡単な学問ではない。この本はあくまでエピソードの紹介である。もっと詳しく知りたいと思った方は、項目末の「さらに学びたい人のために」にあげた本をお読みいただきたい。すぐれた研究で入手しやすく比較的安価なものをあげている。それでもまだ読みたい方は、巻末の「もっと学びたい人のために」に挙げた本にチャレンジしてほしい。

歴史に登場するヒーローやヒロインたち。彼ら・彼女らに自分を重ね合わせて歴史にロマンを抱くのは楽しい。しかし、現実の歴史は、複雑でモヤモヤしたものである。わかりやすい歴史物語などウソだといっていい。この本の目的は、外交史をわかりやすくすることではない。歴史はわかりにくいものだということを、わかっていただくことである。この本が、パズル・ゲームが簡単に解けない方が楽しいように、歴史の解けにくさを楽しんでいただくための第一歩になればと願っている。

■

◎**グローバリゼーション（globalization）**＝グローブとは地球のこと。人・情報・物・金の動きが、国境に関係なく影響を与えて地球規模の変化を引き起こすことをいう。国際化はインターナショナル（国家間）な関係だが、グローバル化はトランスナショナル（国境を越えた）な関係である。ただし、国際化とグローバル化は明確に区別されず使われることが多い。

◎**パワー**＝軍事力は、相手を屈服させて思い通りにするための手っとり早い力である。これに対し、経済力や文化・価値観の浸透は、即効的ではないが、根深く影響する。アメリカの国際政治学者ジョゼフ・ナイは、軍事力などの強制力に対し、経済力や文化へのあこがれなどを利用して相手を従わせる力をソフト・パワーと定義した。たとえば、ハリウッド映画を世界の多くの人が楽しんでいるのは、アメリカのソフト・パワーである。

◉**さらに学びたい人のために▶▶▶**中谷功治『歴史を冒険するために』関西学院大学出版会、2008年。

第1部　開国と文明国標準

岩倉使節団（左から木戸孝允・山口尚芳・岩倉具視・伊藤博文・大久保利通）

幕末、日本は世界に向かって窓を開いた。
こわごわ開いたが、
窓からは西洋文明の風が勢いよく吹き込んできた。
第1部では、情勢の急展開に翻弄されつつも、
必死で西洋文明と向き合った
日本社会の姿を見ていこう。

01 江戸時代は理想郷?

〖内向きの日本〗

■江戸時代ブーム

東京の街を歩いていると、江戸時代の古地図を見ながら散歩をしている人を見かけることがある。江戸の風情が味わえることを宣伝している料理店も多い。息の長い江戸ブームが続いている。

以前の江戸時代像は次のようなものだった。悪代官が重税を取り立て「お許しをー」と泣き叫ぶ貧しい農民。武士の感情しだいで切り捨てられる町人。こうした暗いイメージはどうしてできあがったのだろうか。

明治政府は、徳川幕府を倒して成立した。政府の正統性を示すためにも、江戸時代は悪い時代でなければならない。文明国標準に合わないこともあって、江戸時代は近代化以前の封建時代として否定された。かつて流行した**マルクス主義の歴史観**でも、江戸時代は段階的に発展する歴史のなかでやはり暗い時代として考えられた。体制側からも反体制側からも、江戸時代は嫌われたのだ。

しかし、近年の研究で江戸時代の再評価がすすんでいる。江戸時代は現代文化の原型を形成した時代である。どこかなつかしい。人々は無駄な消費をせず、季節ごとの野菜を中心に食べる慎ましい生活をおくっていた。紙くず一つも貴重な再生資源として利用され、糞尿は畑にまかれて新たな実りとなった。貧しいながらも、隣の家に醤油を借りにいけば「お互いさまだ」とわけてくれた。環境にやさしく、人々のつながりがあった社会だった。武士も安定期にはめったに刀を抜かなくなった。「切り捨て御免」は実際にはおこなわれず、庶民を切れば本人も切腹、悪くするとお家断

1840 アヘン戦争
1848 カリフォルニアでゴールドラッシュ
1853 ペリー浦賀に来航
1854 日米和親条約
1858 日米修好通商条約
1861 アメリカ南北戦争

絶の憂き目をみた。

寒冷な東北・北陸などは別にして、西国の農民は、米以外の商品作物も栽培していて、案外と豊かであった。幕府の直轄地の天領は、地方行政を軽視した幕府の政策の結果、支配がいきとどかず、実際の税率はどんどん低くなった。4公6民（米の4割が税金）といわれるが、天領では2公8民くらいまで税率は下がっていったらしい。江戸後期になると、農村でも家内制手工業が発達し、資本主義経済の先駆けとなる経済システムが生まれていた。電化製品はなかったが、いろいろと便利な道具ができて、日常生活にそれほど不便はなかった。

税金も少なく、人のつながりも保たれ、美しい自然環境があふれていた。江戸時代は理想郷だったのかもしれない。それにくらべ、現在の日本は、年々税負担が増し、人間関係は希薄になり、自然は破壊されている。こうした想いが、現状を憂い、日々の暮らしに不満をもつ人々を江戸時代にひきつけているのであろう。

江戸時代の現実

しかし、このような江戸時代の美しい姿は一面にすぎない。見た目はキレイでも、水や食べ物は細菌がいっぱいだったはずだ。東洋医学がかなり発展していたとはいえ、多くの病気は自然治癒に頼るしかなかった。健康保険もなかったし、失業保険もなかった。年金制度ももちろんない。自然災害も脅威だった。衛星写真で天気予報ができるはずもなく、海や山で嵐にあえば遭難するまでだ。私たちが日本人の原風景と思っている水田の広がる農村は人工的につくられたものである。冷害や日照りがおきれば、品種改良されていない稲は枯れてしまって生活が困難になった。江戸の町人生活区域は人口過密で、火災がおきれば多くの人が住む場を失った。

年	出来事
1867	大政奉還 / 王権復古の大号令
1875	樺太・千島交換条約
1877	西南戦争
1879	沖縄県設置（琉球処分）
1885	内閣制度発足
1889	大日本帝国憲法発布
1894	日清戦争

政治制度はどうだったか。低い身分から役人に登用された例もあるが、これは例外である。私たちが当たり前に思っている自由や権利はほとんど保障されていなかった。庶民は武士にいつも遠慮して生活しなければならなかった。法の下での平等はなく、裁判は支配者の都合が優先された。名奉行大岡越前守《おおおかえちぜんのかみ》の臨機応変なお裁きも、見方を変えれば、法制度が未完成だったということにすぎない。

人のつながりは評価すべきだろうと思われるかもしれない。しかし、江戸の長屋の暮らしは、プライバシーに慣れた現代人には耐えがたいものだったのではないか。農村では、しきたりや習慣が厳格に守られ、その地域に不的確な人物とみなされれば、イジメに近い「村八分《むらはちぶ》」にあった。

現在の反映

過去をみるとき、多くの史料や精密な分析を参考にしたとしても、わたしたちは、現在の価値観から完全に自由にはなれない。また、現状の問題をうきぼりにするため、過去のいいところばかりに注目してしまうこともある。江戸時代ブームも例外ではない。環境の悪化に対し、江戸時代の資源循環を評価する。殺伐とした人間関係に対し、隣近所のつながりがあったことを見出すといった具合である。長期間続く経済の停滞と社会制度の機能不全に直面し、現実に向き合うことに疲れて、日本にもいいところはあるはずだ、日本はほかの国よりすぐれているはずだと、夢を見たい気分になっているのではないか。内向きの日本社会の価値観が江戸時代ブームを生んでいるともいえる。

しかし、冷静に考えてみれば、現代社会のほとんどの事物は、西洋文明が基礎になっている。衣食住といった可視的なものはもちろん、価値観など不可視のものにも西洋文明が浸透している。

1840 アヘン戦争
1848 カリフォルニアでゴールドラッシュ
1853 ペリー浦賀に来航
1854 日米和親条約
1858 日米修好通商条約
1861 アメリカ南北戦争

たとえば、自由・人権・民主主義など、当たり前に思っている価値観は西洋文明に由来している。これに対し、理想郷と思いたい江戸時代に、個人の権利や自由という発想はなかった。関ヶ原の合戦で、なぜスマートフォンを使って連絡をとりあわなかったのかと考えるのはおかしい。それと同じで、当時になかった価値観に基づいて江戸時代を評価することにも問題がある。

現在、江戸時代の古地図の複製を片手にスニーカーで歩き回れるのは、文明国標準に適応して工業文明社会をつくってきた結果である。日本の過去や伝統を忘れてはならない。それを学ぶことも大切である。そうとはいえ、過去を美化し、日本を特別な存在だと信じこんだところで、何の問題も解決しない。

さあ、まずは時計の針を150年ほど戻し、江戸時代の終わりに行ってみよう。いろいろと問題を抱えつつも、それなりに安定していた19世紀後半の日本は、外国からの影響（外圧）によって、激変のときを迎える。

■

◎**マルクス主義の歴史観**＝経済関係が政治体制の基礎になるという考え方。経済関係の矛盾が高まることで、狩猟採集社会→封建社会→資本主義社会→共産主義社会と段階的に発展するとされた。江戸時代は封建社会の段階とされた。

◉**さらに学びたい人のために▶▶▶**坂野潤治・大野健一『明治維新　1858-1881』講談社、2010年。

1867	1875	1877	1879	1885	1889	1894
大政奉還	樺太・千島交換条約			内閣制度発足		日清戦争
王権復古の大号令		西南戦争	沖縄県設置（琉球処分）		大日本帝国憲法発布	

02 クジラを捕りたい!

【ペリー来航の背景】

■「貧しい」ヨーロッパと「豊かな」アジア

学校でヨーロッパ史を中心に説明されがちな世界史を学び、また、現在の欧米諸国中心の国際社会を考えると、歴史のなかでヨーロッパは豊かで強力であり続けたように思ってしまう。しかし、18世紀にイギリスで**工業化**のきっかけとなる技術革新がはじまり、急速に西ヨーロッパ諸国が生産力を高めるまで、世界における圧倒的な大国は中国であった。日本を含む東アジア圏は、温暖湿潤な気候であり、ヨーロッパとは比較にならないほどの農作物の収穫があった。そのため人口も多く、ヨーロッパ地域にとってアジアはあこがれの土地だったのである。

細かい点を省略して図式的に説明すれば、15世紀あたりからのヨーロッパの発展は次のようになる。

豊かな物産を求めて海外へ → 大航海時代 → アメリカ大陸など植民地の獲得 → 工業原料の入手と技術革新 → 工業化による軍事力の強化とさらなる植民地獲得

19世紀になると西ヨーロッパ諸国の軍事力や技術力は中国を圧倒するようになるが、その象徴的な事件が、アヘン戦争だった。イギリスは、茶の輸入による貿易赤字を解消するため、麻薬であるインド産のアヘンを中国に輸出していた。その取り締まりをおこなった清国（当時の中国の王朝）政府の方針が、自由貿易に反するとしてイギリスは軍事行動を起こしたのだ。中国は「眠れる獅子」と警戒されていたが、近代的装備のイギリス軍にあっけなく敗退した。その結果、イギリスへの香港の割譲《かつじょう》や自由貿易の実施

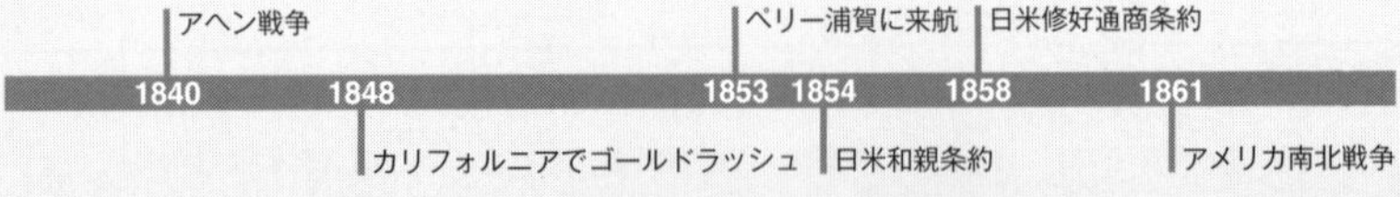

を約束する南京条約が結ばれた。1842年のことで、日本では老中《ろうじゅう》水野忠邦《みずのただくに》による天保《てんぽう》の改革がおこなわれていた頃である。

■捕鯨のために

中国がイギリスに敗れたことは日本に衝撃を与えた。さかのぼれば卑弥呼《ひみこ》の時代から、日本は中国に学問や技術を学び、その文化に影響を受けてきた。大国であるはずの中国に勝つ欧米諸国の強大さは、鎖国を維持したい幕府にとって脅威であった。

18世紀終わり頃から、幕府は海防《かいぼう》（沿岸の防衛）に関心を高めていた。外国船がしばしば日本近海に現れだしたからだ。海防政策は「異国船打払《うちはらい》」と「薪水給与《しんすいきゅうよ》」の間で揺れた。欧米諸国の軍事力に勝てないことはわかっていた。一見強気にみえる外国船を打ち払う方針も、実際に戦えば、幕府軍事力の弱さが明らかになるため、日本に近づかないでほしいという意思表示であった。よって、欧米諸国との関係が危機的状況になると、「燃料や水だけは補給してあげます」という低姿勢に転換した。アヘン戦争の情報が入ってきた幕府は、天保の薪水給与令を出して危機に備えた。そうしたなか、もっと深刻な情報が入ってきた。アメリカの艦隊が日本に向かっているというのである。

ところで、なぜこの時期になって、外国船が日本近海に来るようになったのだろうか。外国船の多くは捕鯨船だった。クジラを食べない欧米人がなぜクジラを捕るのか。じつはクジラは貴重な工業原料だった。脂肪は機械の潤滑油などに、ヒゲはバネに、骨もよい資材となった。現在の捕鯨への賛否は別にして、クジラの激減は、捕鯨とクジラを食べることに反対している欧米諸国が原因をつくったことは記憶しておいてもいいだろう。

アメリカは、北アメリカ大陸の東海岸から開拓をすすめ西海岸に達し、ようやく工業国として発展をはじめていた。太平洋でク

年	できごと
1867	大政奉還
1867	王権復古の大号令
1875	樺太・千島交換条約
1877	西南戦争
1879	沖縄県設置（琉球処分）
1885	内閣制度発足
1889	大日本帝国憲法発布
1894	日清戦争

ジラが乱獲され、日本近海での捕鯨がさかんになっていたのである。捕鯨船にとって、日本が寄港地になれば好都合であったし、アメリカの中国進出の足がかりとしても、日本の開国・通商が望まれた。そこで、ヨーロッパ諸国のアジア進出に後れをとっていたアメリカは、引退していた海軍の名将マシュー・ガルブレイス・ペリーを現役に復帰させ、開国を迫るための艦隊を日本へ派遣することにしたのである。

■日米和親条約

1853（嘉永《かえい》6）年6月、三浦半島の先端にあたる浦賀沖に4隻の黒い船が現れた。ペリー率いるアメリカ艦隊である。ペリーは長崎への回航要請を拒否し、アメリカ大統領からの書簡の受け取りを求めた。江戸は大混乱におちいった。東京湾を直進すれば、アメリカ艦隊は江戸を砲撃できる。結局、幕府は書簡を受理し、翌年の回答を約束した。明確な方針があったわけではなく、とにかく時間稼ぎをしたかったのである。

アメリカ大統領フィルモアの書簡には「日本沿岸で捕鯨に従事する者が多い。……アメリカの汽船およびその他の船舶を日本に寄港させ、石炭、食糧や水の供給を許してほしい」とあった。開戦してでも開国を拒絶せよという意見もあったが、戦争になれば負けるのはまちがいない。一方、簡単に開国要求を受け入れれば、幕府の弱腰がわかり、武力によって日本を統一している徳川将軍の威信は低下する。幕府の最高責任者であった老中の阿部正弘《あべまさひろ》は結論が出せなかった。

ペリーは1854年1月にふたたび来航した。日本が開国を承諾するまで一歩も引かない覚悟のようであった。神奈川での交渉希望に対し、幕府は東海道に接する神奈川を避けて近くの寒村だった横浜を神奈川と偽って交渉した。期せずしてこれが大都会横浜発

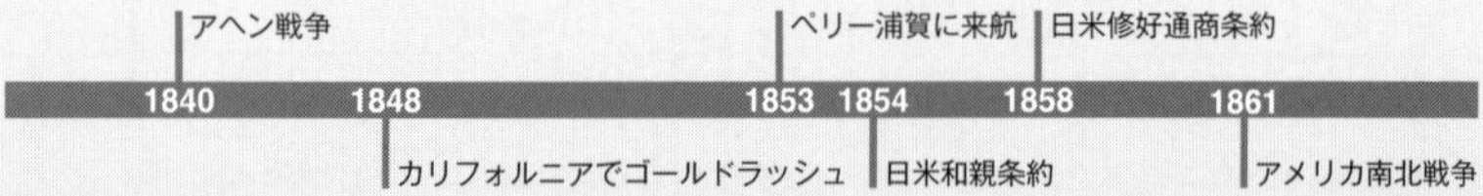

展のはじまりとなる。交渉は英語からオランダ語、それを日本側の**オランダ語通詞《つうじ》**が日本語に訳すというもので、中身の細部は漢文で確認した。幕府は開国拒絶を不可能と判断し、ついに条約締結に踏み切った。日米和親条約は、①下田と箱館《はこだて》（現在の函館）の開港、②片務的**最恵国待遇**、③領事の受け入れを主とするものとなった。幕府は、通商にさえ応じなければ、これまでも朝鮮国との外交関係（通信）もあったのだから、現状は維持できると考えていた。しかし、オランダを除く欧米諸国とつきあわないという原則は崩れたのである。また、通商を要求されれば、軍事力の格差は簡単にうまらないのだから拒絶できないはずだ。条約締結をすべきかどうか判断に迷い、諸大名に意見を聞いたのも失敗だった。政策決定の独占という原則を幕府がみずから放棄したのも同然だったからである。幕府にとっても、日本社会にとっても、激動の時代がおとずれようとしていた。

■

◎**工業化**＝農業を主とする社会から、工業を中心とする社会に移っていくこと。従来、「産業革命」といわれてきたが、西ヨーロッパ諸国が産業社会へ劇的に変化したのではなく、ゆっくりと工業化が進んでいったのが現実である。
◎**オランダ語通詞**＝江戸時代、幕府は欧米諸国のなかで、オランダとだけは関係を維持していた。よって、長崎奉行のもとに、オランダ語のできる通訳はいた。ちなみに、幕府にとって、オランダ商館が提出する「オランダ風説書」は貴重な情報源だった。
◎**最恵国待遇**＝条約締結国以外の別の国によりよい条件を与えた場合、自動的に同じ条件が条約締結国にも適用されること。日米和親条約の場合、日本にはアメリカを最恵国待遇する義務があったが、アメリカにはなかったため、不平等な片務的最恵国待遇だった。
◉**さらに学びたい人のために▶▶▶**加藤祐三・川北稔『アジアと欧米世界』中央公論新社、2010年。

年	出来事
1867	大政奉還
1867	王権復古の大号令
1875	樺太・千島交換条約
1877	西南戦争
1879	沖縄県設置（琉球処分）
1885	内閣制度発足
1889	大日本帝国憲法発布
1894	日清戦争

03 ワシントンの日本人

【幕末の武士、アメリカに行く】

■日米修好通商条約

現在、日本人の海外旅行者数は約1600万人（平成22年・法務省調べ）にのぼる。修学旅行で海外に行くことも珍しくなくなった。しかし、江戸時代は漂流者などの例外を除いて、日本人が出国することは厳禁だった。一般に「**鎖国**」といわれるが、長崎・松前・対馬・琉球（薩摩藩が支配）は限定的ながらも世界に向けて扉を開いていた。長崎の出島の商館にはオランダ商人がいたし、朝鮮国王の使節が来日することもあった。鎖国は、幕府の公式政策用語ではなく、「国を鎖《とざ》す」というよりは、日本人の出国を禁じ、庶民が海外の事物（とくにキリスト教）に接触するのを避けることが目的だった。

しかし、1853（嘉永6）年のアメリカ海軍提督ペリーの来航にはじまる激動のなか（02参照）、日本社会はいやおうなく欧米諸国と関係をもつことになった。当初、幕府は捕鯨船の寄港など限られた範囲の開国ですませようとした。ところが、その後来日したアメリカ総領事のハリスは、通商の開始を幕府に迫ったのである。1857（安政4）年、江戸城に登城して将軍徳川家定《いえさだ》（在位1853-1858）に謁見したハリスは、老中堀田正睦《まさよし》に対して、軍事力で通商をせまる国もあるという脅しをまじえつつ、貿易が日本に繁栄をもたらすと説いた。

幕府は通商開始に傾いたが、反対派も多く判断に迷い、勅許《ちょっきょ》（天皇の許可）を求めた。これが失敗だった。朝廷は通商を許可しなかったのである。絶対的な権力であるはずの幕府の決定を朝廷

年	出来事
1840	アヘン戦争
1848	カリフォルニアでゴールドラッシュ
1853	ペリー浦賀に来航
1854	日米和親条約
1858	日米修好通商条約
1861	アメリカ南北戦争

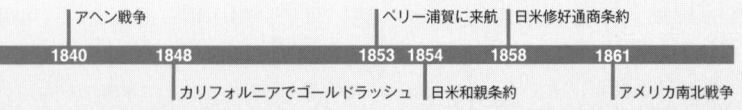

が覆したのだから、政局は一気に混乱した。結局、大老《たいろう》（将軍の代行をする幕府の最高職）に就任した井伊直弼《なおすけ》が強権を発動して反対派を弾圧し（安政の大獄《たいごく》）、勅許を得ないままで、**日米修好通商条約**（1858年）を皮切りに、イギリス・ロシア・フランス・オランダと通商条約が締結されることになる。

■万延の遣米使節団

ところで、条約は政府の代表者が調印したのち、最終確定のための批准《ひじゅん》をしなければならない。日米修好通商条約には、批准はワシントンでおこなうと定められており、将軍徳川家茂《いえもち》（在位1858-1866）の署名の入った批准書をもって、1860（万延《まんえん》1）年、幕府の使節団が渡米することになったのである。日本政府の代表が欧米諸国に派遣されるのは史上初めてのことであったし、伊達政宗《だてまさむね》が支倉常長《はせくらつねなが》をヨーロッパに派遣した慶長の遣欧使節から数えても、じつに247年ぶりのことであった。

使節団は、正使新見正興《しんみまさおき》、副使村垣範正《むらがきのりまさ》、監察小栗忠順《おぐりただまさ》の3人がアメリカ艦ポーハタン号にのりこみ、護衛・航海訓練のために従った咸臨丸《かんりんまる》で勝海舟や福沢諭吉も同行した。1月に品川を出発した使節団の行程は、ハワイを経てサンフランシスコに至り、ここで咸臨丸と別れて、パナマを汽車で横断して大西洋に出てワシントン着、閏《うるう》3月28日にブキャナン大統領と謁見《えっけん》・批准《ひじゅん》書交換をし、ニューヨーク見学、喜望峰《きぼうほう》経由で帰路につき品川に戻ったのが9月の末という10ヵ月間にもわたるものだった。

幕末の武士にとって、旅行中、見るもの聞くもののすべてが驚きだったが、とりわけ彼らが困惑したのは、社会のありようであった。技術は知識として学んでいても、社会制度や慣習にはとまどうばかりであった。副使の村垣範正が遺した『万延元年第一遣米使節日記』をもとに、幕末の武士の異文化交流を追体験してみ

年	出来事
1867	大政奉還
1867	王権復古の大号令
1875	樺太・千島交換条約
1877	西南戦争
1879	沖縄県設置（琉球処分）
1885	内閣制度発足
1889	大日本帝国憲法発布
1894	日清戦争

よう。

■議会は魚市場？

村垣範正は、外交分野で活躍した高級官僚であった。日記から察するに、まじめな普通の旗本だったようである。ワシントンに着いた村垣が驚いたのは、アメリカの簡略な儀礼であった。国務長官に会ったら孫娘が一緒にいて、お茶も出ずに終わった。村垣は「やはり野蛮国だ」と思った。女性が公式の場に出てくることなどあってはならない。また、大統領との謁見の予行演習もない。いぶかりながらも閏3月28日、正式礼装に身をつつみ、槍持ちや草履《ぞうり》取りを従えて使節団はついにブキャナン大統領に謁見した。「大統領は70歳くらいの老翁で、白髪穏和で威厳もあるが、商人と同様の黒羅紗《らしゃ》の筒袖《つつそで》・股引き（スーツのこと）を着て、なんの飾りもなく太刀も帯びていない……礼儀は全くなかったので、狩衣《かりぎぬ》を着たのも無益のことだったと思われる」。それでも村垣は外交官として晴れがましかった。「ゑみし（蝦夷）らも　仰ぎてぞ見よ　東なる　我日本の国の光を」（野蛮なアメリカ人も、東方にあるわが日本国の輝きを仰ぎみるだろう）と、その日の日記にはお世辞にも上手とはいえない和歌が高らかに詠まれている。

無事謁見をすませた使節団は、アメリカ見学を開始した。4月4日に議事堂に足を運んだ折の記述をみてみよう。「国政の重大事を評議しているらしいが、例の股引き、筒袖姿に大声でののしる様子、副大統領が高いところにいる感じなど、日本橋の魚市の様子に似ている」。

江戸幕府は、政策決定を譜代大名や旗本からなる少数の官僚に委ね、朝廷はもちろん、将軍の親族である御三家《ごさんけ》にも関わらせなかった。また、儒教《じゅきょう》の重視する儀礼を第一とし、江戸城内では、立ち居振る舞いのすべてが細かく決められていた。登城した大名

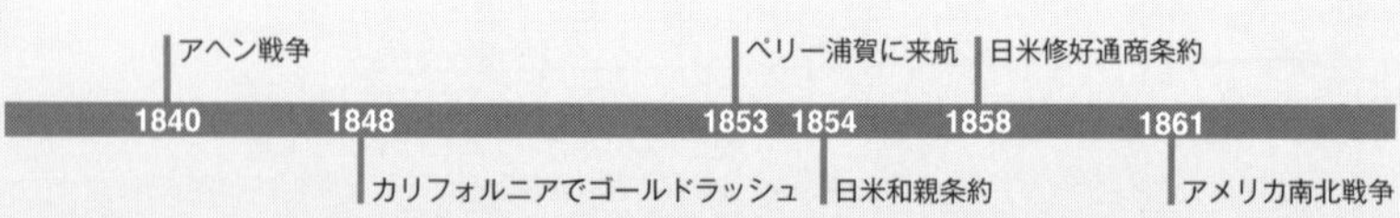

たちは、儀礼を覚えるために何度も予行演習（習礼《しゅうれい》）をおこなったのである。村垣の立場からすれば、儀礼の規則が少なく、練習もせず大統領に会うなど考えられず、議事堂で重大事を公開で議論するのもありえないことだったろう。

こうした村垣にもユーモラスな面があった。晩餐会の折だ。水が入ったガラスのお椀が出てきた。「（使節団の一員の）森田（清行）は手早く取って水を飲んでいたが、小栗が袖を引いたので気づいて手を洗った。顔を見合わせて笑いをこらえるのが苦しかった」。

ワシントンに槍持ち・草履取りを連れて行き、フィンガー・ボールの水を飲む幕末の武士を笑ってしまう私たちは、すでに西洋文明の価値観にしばられているのかもしれない。それに対して、村垣は、日本は日本、アメリカはアメリカと区別しており、技術力に驚いても、西洋文明を崇めようとはしていない。それどころか、儀礼のないアメリカの方を「野蛮」だと考えていた。わずか数年後には、こうした日本と西洋を相対化する発想は消え、日本人は西洋文明を基準にした価値観に支配されるようになるのである。

■

◎**鎖国**＝1801年、蘭学者志《し》筑《づき》忠《ただ》雄《お》が出島の医師ケンペルの本の一部を「鎖国論」と訳したのが、このことばの初出とされる。

◎**日米修好通商条約**＝神奈川・長崎・新潟・兵庫の開港、協定による関税率の決定（関税自主権の欠如）、外国人の関わる事件の領事による裁判（領事裁判権）などが決まった。日本にとって不平等な内容だった。この不平等条約改正が明治政府最大の外交課題となる。ただし、外国人の自由な旅行を禁ずるなど、日本の要望も認められ、幕府外交は一定の成果をあげた。

●**さらに勉強したい人のために**▶▶▶宮永孝『万延元年の遣米使節団』講談社、2005年。

1867 大政奉還 / 王権復古の大号令
1875 樺太・千島交換条約
1877 西南戦争
1879 沖縄県設置（琉球処分）
1885 内閣制度発足
1889 大日本帝国憲法発布
1894 日清戦争

04 敗北の教訓
【四国艦隊下関砲撃と薩英戦争】

■倒幕と開国の関係

1858（安政5）年、幕府はアメリカなど欧米5ヵ国と通商条約を結び、貿易を開始した。欧米人が目をみはったのは日本の高品質な絹だった。蚕《かいこ》を育て生糸《きいと》を紡ぎ絹布を生産する製糸・絹織物業は、農村の重要な副業だった。茶も人気で、緑茶に砂糖とミルクを入れて愛飲された。商人たちは国内より高く売れるため、外国人居留地に商品をどんどん持ち込んだ。最初、貿易は日本の黒字だったのである。

一方、貿易は日本社会を混乱させた。輸出品に回されるため、絹や茶が不足して値上がりし、それにつられて米価も高騰した。くわえて、日本と欧米では金と銀の交換比率が違い、それに対応するため、金の含有量が半分ほどの新しい1両小判を鋳造したことも、物価が上がる原因となった。輸入関税の引き下げにより、貿易も赤字に転じた。最初は欧米人に親しみを抱いていた庶民も、生活苦のため外国嫌いとなっていった。

幕府や諸藩の内情も苦しかった。武士の社会は、原則として家柄で役職も決まる。能力に関係なく、家老の子は家老に、足軽の子は足軽になる。また、武士は家によって決められた米の給付（家禄《かろく》）で暮らしており、物価が上がっても、家禄は一定のため生活は苦しかった。江戸には幕府直属の旗本や御家人《ごけにん》が暮らしていたが、多くは無職で、家禄だけでは生活できないので、借金まみれになったり、内職に追われたりと、武士の体面を失っていた。開国による混乱は、うまく機能しなくなっていた幕藩体制への不

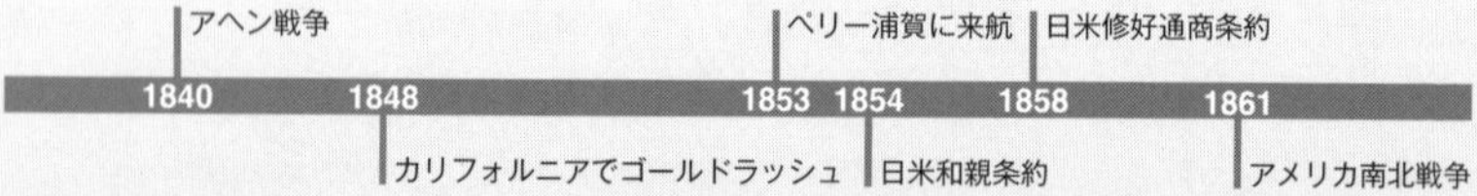

満の噴出をうながした。

社会や政局の混乱に乗じて活躍の場を見出し、幕藩体制や家柄の枠組みをこえて政治活動をするものも現れた。幕末の志士たちの登場である。儒教を教え込まれてきた武士の論理では、キリスト教徒の欧米人は夷人《いじん》（野蛮人）であり、夷人が軍事力を背景に日本社会でのさばることは許せないことであった。また、生活苦の原因も夷人との貿易が原因だと思われた。志士たちの多くは攘《じょう》夷《い》（欧米人を日本から追い出すこと）を唱えるようになった。その結果、外国人を殺傷する血なまぐさい事件が続発した。

次のように考えるものもでてきた。欧米諸国の日本進出を許した幕府は役に立たない。偉そうにしているが攘夷を実行できる力はないようだ。開国の現実を前にしたとき、今まで考えることすら恐ろしかった「幕府を倒す」という発想が生まれてきた。

攘夷熱にうかされている志士とは違い、日本は欧米諸国のように発展すべきだと考える開国論者からみても、古い体制にしがみついている幕府は、発展の邪魔をしている存在に思えてきた。倒幕がいろいろなところでささやかれるようになっていった。

雄藩の登場

政治改革に成功し、農業生産に適した温暖な地域に領土をもつ藩のなかには、弱体化した幕府に介入する実力を備えるものがでてきた。薩摩藩（島津家・鹿児島県）、長州藩（毛利家・山口県）、土佐藩（山内家・高知県）、佐賀（肥前）藩（鍋島家・佐賀県）がその代表である。有力な志士もこれらの藩の出身者が多い。薩摩の西郷隆盛・大久保利通、長州の高杉晋作・桂小五郎（木戸孝允《きどたかよし》）、土佐の坂本龍馬など、幕末の主役となる人物を挙げることができる。当初は、幕府を支えて自藩に有利な幕藩体制改革をしようとする考え方が強かったが、若い志士たちは、そうした穏やかな改革に

年	出来事
1867	大政奉還
1867	王権復古の大号令
1875	樺太・千島交換条約
1877	西南戦争
1879	沖縄県設置（琉球処分）
1885	内閣制度発足
1889	大日本帝国憲法発布
1894	日清戦争

飽きたらず、勢力を結集して、雄藩の動きを倒幕に誘導していった。

1863（文久3）年、長州藩は、下関で外国船を砲撃し、攘夷を実行に移した。しかし、翌年にかけて英・仏・米・オランダの連合艦隊の報復をうけて敗北した。藩内は、親幕府勢力と倒幕派が権力争いをおこなっていたが、この報復攻撃後、高杉晋作ら倒幕派が藩政を握るようになった。

一方、薩摩藩は、1863年、藩士の外国人殺傷事件（生麦《なまむぎ》事件）の報復にきたイギリス艦と交戦した。イギリス艦も損害を受けたが、鹿児島の街が砲撃され大きな被害がでた。長州藩の急進的倒幕論に賛成しなかった薩摩藩は、幕府とともに長州藩を攻撃したが（禁門の変、第一次長州征討）、しだいに幕府と距離をおくようになった。

長州藩と薩摩藩は、実際に外国と戦争をしたことで、攘夷は不可能だと悟った。外国に対抗できる日本にするためには、倒幕しかないというのが敗北から得た教訓だった。

■倒幕から討幕へ

具体的には、どうすれば幕府が倒せるのか。日本の強国化は、一刻の猶予もない課題だ。幕府が倒れるのを待つのではなく、積極的に幕府を討つ必要がある。そのためには朝廷《ちょうてい》（天皇）という権威を利用し（尊皇《そんのう》）、軍事力によって勝負をつけるべきである。志士たちの多くは、**尊皇攘夷**を主張していたが、幕府を武力で討つという発想は弱かった。討幕のためには志士の力を結集しなければならず、攘夷の否定もできなかった。外国人嫌いの天皇や公家たちを味方にするためにも攘夷論は必要だった。長州の桂小五郎らは、開国は攘夷のための手段だと主張して、討幕に議論を集中させていった。しかし、問題があった。長州藩と薩摩藩の対立

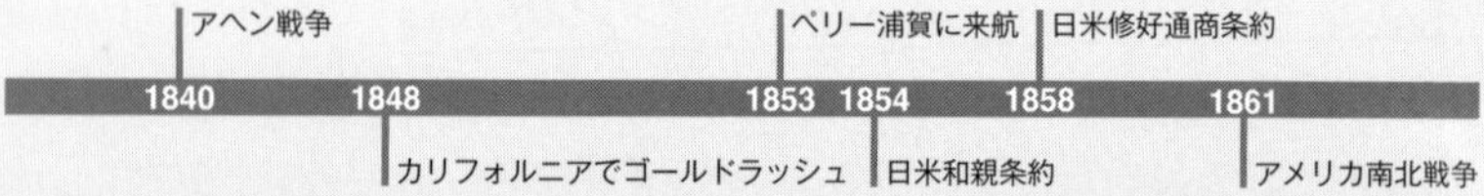

である。1866（慶應2）年1月、坂本龍馬の仲介でようやく両藩は和解して薩長同盟を成立させた。

同じ年の7月、第14代将軍徳川家茂が死去し、英明とされていた徳川慶喜《よしのぶ》（在位1867-1868）が将軍に就任した。慶喜は、退勢を挽回すべく、積極的な幕府改革をはじめた。諸外国に対しても、自分が日本の支配者であることをアピールした。慶喜の登場に危機感を強めた薩長側は、幕府の存続を望んでいた孝明《こうめい》天皇の死去を機会に、一気に討幕を実行しようとしたが、慶喜は先手を打って大政奉還《たいせいほうかん》をおこなった。1867（慶應3）年の10月のことである。実力のない朝廷に政権を返しても政治はできないため、結果的には徳川家が政治を主導することになるだろうというのが、慶喜のもくろみだった。しかし、朝廷は王政復古《おうせいふっこ》の大号令を発し、強引に大政奉還を既成事実化した。西郷隆盛ら薩長勢力は、幕府を討つ大義名分を得るため、徳川家に官位と領地を返すよう命じて幕府を挑発した。朝廷の強硬姿勢に憤《いきどお》った幕府側は挙兵したが、鳥羽・伏見の戦いで敗北し、徳川慶喜は朝廷に謝罪・謹慎し、1868（慶應4・明治1）年4月、江戸城は新政府軍に明け渡された。ここに名実ともに江戸幕府は倒れ、明治時代が幕を開けることになるのである。

■

◎**尊皇攘夷**＝天皇（朝廷）を尊重し、外国の勢力を日本から追い出すべきだとする議論。「尊皇＝倒幕」ではない。幕府も、将軍を任命する天皇の権威の重要性は認めており、幕府権力が弱まっていくなか、尊皇論を重視するようになっていった。また、「攘夷＝鎖国」ではない。開国して日本の軍事力を近代化し、その後に攘夷するという議論もあった。

●**さらに学びたい人のために▶▶▶**三谷博『幕末　危機が生んだ挙国一致』NHK出版、2011年。

05 岩倉使節団のみたもの

【中央集権への道】

■明治政府の大方針

1868（慶應4・明治1年）3月、少年の明治天皇は、祖先に対して誓うかたちで新政府の方針を示した。五箇条の御誓文《ごせいもん》である。維新政府をたちあげた幕末の志士たちが、いまや明治政府の中心人物となって書きあげたもので、その内容はつぎのとおり。

一　広ク会議ヲ興《おこ》シ万機《ばんき》公論ニ決スベシ

一　上下心ヲ一ニシテ盛ニ経綸《けいりん》ヲ行フベシ

一　官武一途《かんぶいっと》庶民ニ至ル迄各《おのおの》其《その》志《こころざし》ヲ遂ケ人心ヲシテ倦《う》マザラシメン事ヲ要ス

一　旧来ノ陋習《ろうしゅう》ヲ破リ天地ノ公道ニ基クベシ

一　智識ヲ世界ニ求メ大ニ皇基《こうき》ヲ振起《しんき》スベシ

有名な第1条は、民主主義を求めているのではない。将軍や摂関家の独裁ではなく、明治維新を成し遂げた中下級層の武士の意見も聞くということだ。第2条も門閥や家柄に関係なく一緒に政治にとりくもうということだから問題ない。第3条では「庶民」のやる気まで気にするあたりが今までとは違うようだ。当時の支配層には、庶民が国づくりに関わるべきだとの発想はほとんどなかった。第4条はどうか。「天地の公道」、つまり普遍的法則とはいったいなんのことなのか。第5条でそれは明確になる。さまざまな考え方を世界に学んで日本を立派にしようというのだ。そうならば、「天地の公道」とは国際的基準、つまり西洋文明を正しい基準とする「文明国標準」ではないのか。

徳川幕府を倒すために立ち上がった多くの志士たちは、攘夷を

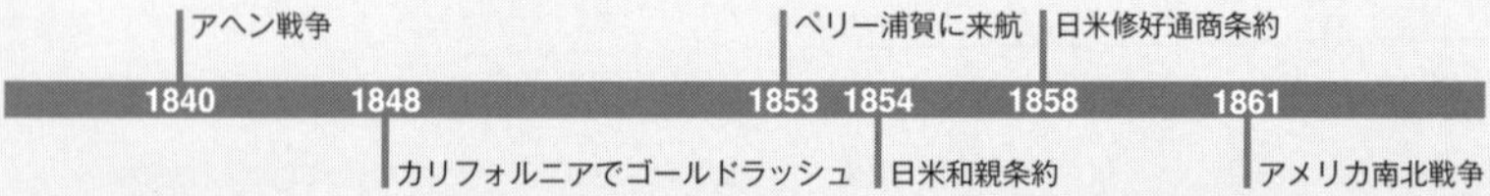

目標としていた。幕府側でも、多くは心情的には攘夷だった。攘夷を実行できないから幕府を倒したはずなのに、新政府は、開国して新しい国づくりをすると宣言したのだ。

西郷隆盛・大久保利通・木戸孝允《きどたかよし》（桂小五郎）ら、明治維新を成功させた**元勲《げんくん》**は、攘夷が不可能であることをわかっていた（**04**参照）。江戸時代の日本は、幕府の権力が強かったとはいえ、大名や旗本がそれぞれ領地を支配し、「国」としての統一性に欠けていた。幕府を倒して改革を断行し、**近代国家**を建設しなければ、攘夷か開国かという問題以前に日本はダメになってしまう。こうした危機感が、彼らの根底にあったのである。

一枚の写真

第1部扉は、1871（明治4）年11月から1873年9月まで、欧米12ヵ国を視察した岩倉使節団の写真である。横浜を出発し、サンフランシスコに到着して撮影された。左から木戸孝允（**参議**）、山口《やまぐち》尚芳《なおよし》（**外務少輔《しょうゆう》**）、全権の岩倉具視《いわくらともみ》（**右大臣**）、伊藤博文（**工部大輔《たいふ》**）、大久保利通（**大蔵卿**）である。現在の私たちから見ると、岩倉具視は妙な姿だ。公家風のまげに羽織袴なのだが、シルクハットを持って革靴をはいている。岩倉は当時48歳。急激な変化に抵抗しつつ、西洋文明も気になっている感じである。ちなみに、アメリカに着いた岩倉は、この写真の後、「断髪」してオールバックの髪型に変えた。

一方、ほかの人物は完全な洋装だ。ほんの数年前まで、まげに刀を差していたとは思えない。明治政府の若き指導者たちが日本の西洋化を急いでいたことを象徴するような姿である。

岩倉使節団派遣の目的は、視察と親善促進にくわえ、幕末に結んだ不平等条約改正のための予備交渉をおこなうことだった。しかし、使節団が天皇の委任状を持参していないことが問題となり、改正交渉が一筋縄ではいかないことが判明した。

それでも、時間は無駄にできない。使節団は視察に精力を傾けた。随行書記官の久米《くめ》邦武《くにたけ》の記録である『米欧回覧実記』をもとに、使節団の足跡をたどってみよう。

使節団は、アメリカに8ヵ月間、イギリスに4ヵ月間、フランスに2ヵ月間滞在、その後ヨーロッパ各国を歴訪し、スエズ運河を通過し、インド洋経由で帰国した。この間、政府関係機関や軍隊はもとより、公共施設、学校、産業、技術と、あらゆる事物を視察した。

久米邦武の記録を読んでいくと、使節団があることに気づいたことがわかる。それは、近代国家成功の秘訣は、立派な制度や建築物にあるのではなく、勤勉な民衆の力を結集させることにあるのだと。たとえば、当時の最強の帝国イギリスの首都ロンドンで大英博物館を見学した久米は、その意義を鋭く見抜いた。

> **博物館に入って、昔の拙いできの遺物をみれば、その時代の苦労がしのばれ、すばらしさに気づけば、現在の怠惰を感じ、進歩していくさまをみれば、これからも努力していかなければと感じる。感動を覚えて、勉強しようという気持ちがわき上がってくるのを止められない。**

博物館はたんに遺物を展示する場所ではなく、自国や文明のなりたちをわかりやすく提示して、国民に誇りを抱かせ奮起させる装置なのだ。長い記録も終わるあたり、久米は、次のように欧米列国の本質を総括した。

> **欧洲の各国は、今文明富強を競い、巍峨《ぎが》として層楼《そうろう》の都をなせども、その地を履行し、其《その》土民の生理をみるに、終年屹屹《きつきつ》として、工業を操作し、日の力を尽して已《や》む、……国の貧富は、土の肥瘠《ひせい》にあらず、民の衆寡《しゅうか》にもあらず、又其資性の知愚にもあらず、惟《これ》**

1840 アヘン戦争
1848 カリフォルニアでゴールドラッシュ
1853 ペリー浦賀に来航
1854 日米和親条約
1858 日米修好通商条約
1861 アメリカ南北戦争

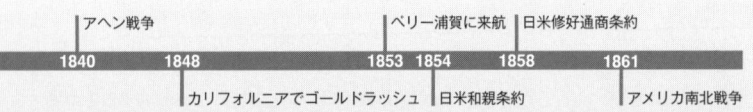

其土の風俗、よく生理に勤勉する力の、強弱いかんにあるのみ（欧州諸国の盛況ぶりをみると、人々が必死に働いているのがわかる。国家富強は、勤勉にかかっているのだ）

これは、使節団の多くに共通する感想だったはずだ。では、勤勉な民衆の力を結集するためにはどうすればよいのか。日本にはゆっくり文明化する時間はない。よって、政府が強力にリードして、日本をつくりかえるしかない。岩倉のように、和服にシルクハットというような迷いをみせる暇はないのだ。逆説的だが、目に見えないものに本質があるからこそ、まずは目に見える制度や事物を徹底的に西洋文明化することが急務とされるのである。

使節団の帰国後、内治優先をかかげる大久保利通と留守番をしていた西郷隆盛は激しく対立することになる。留守政府のメンバーも決して守旧的だったわけではない。むしろ急進的な改革を進めていた。しかし、「百聞は一見にしかず」であった。大久保は、政府の崩壊の危機であった西南戦争（1877年）を乗り切り、盟友の西郷や倒幕の原動力になった武士たちを死に追いやってでも、文明国家日本の建設をしようと邁進していくのである。

■

◎**元勲**＝明治政府の樹立に功績のあった人物。西郷隆盛、大久保利通、木戸孝允、岩倉具視がその代表格。

◎**近代国家**＝19世紀に整えられた西ヨーロッパ諸国のありかた。他国の干渉をうけない国家主権を確立し、中央政府が軍事力を独占して、官僚機構による統治をおこなう。

◎**明治維新政府の政体**＝明治維新は、「王政」つまり天皇による統治の「復古」がたてまえであったため、官職名は律令制度のものが引き継がれた。1868（明治1）年の4月に政体書が発布され、その後もめまぐるしく改編された。岩倉使節団出発の時期は、参議の審議機関（正院《せいいん》）が政府の中核だった。要職には、公家や大名も就任したが、実権は参議の西郷隆盛（岩倉使節団外遊時の留守政府責任者）、木戸孝允、大隈重信、板垣退助と主要官庁である大蔵省の責任者であった大久保利通らが握っていた。

●**さらに学びたい人のために▶▶▶**田中彰『明治維新と西洋文明　岩倉使節団は何を見たか』岩波書店、2003年。

1867 大政奉還／王権復古の大号令
1875 樺太・千島交換条約
1877 西南戦争
1879 沖縄県設置（琉球処分）
1885 内閣制度発足
1889 大日本帝国憲法発布
1894 日清戦争

06 万国公法《ばんこくこうほう》は一門の大砲にも劣る

【国家の対等を約束する国際法の現実】

■欧米の国際秩序

現在、国家は国境を定め、他国の干渉を受けず、自国の政治体制・法体系によって統治する。また、国際社会には、個人や国家の国際的な規範を規定した国際法がある。しかし、こうした国家や国際秩序のありかたは、19世紀に欧米諸国が世界中に進出してからのものである。

伝統的な東アジア国際秩序は、「華夷《かい》秩序」であった。世界の中心に高度な文化をもった中国があり、その周辺には野蛮人が住んでおり、野蛮人が中国皇帝に貢物をもってくれば、恩恵として王に任じるというものだ。よって、中国には明確な国境という概念はなく、対等な国家間関係という発想もなかった。日本も、中国の国際秩序観を当然のものとして受け入れてきた。

開国にともなって、日本は否応なく華夷秩序とはまったく異なる近代西洋国際体制に組み入れられた。たとえば、近代国際体制では、国境を確定しなければ他国との境界領域を「**無主地**《むしゅち》」として奪われてしまう。よって、1855（安政1）年の日露和親条約で、千島列島は択捉《えとろふ》島までを日本領とし、樺太《からふと》は日露両国民の混住と定めた。また、1862（文久2）年には小笠原諸島が日本領であることを各国に通告した。圧倒的な軍事力を背景にした欧米諸国の論理に従わざるを得なかったのである。

一方、欧米諸国が従う万国公法（国際法）があるということは、日本も国際法に従って自国の権利を主張できるはずだ。近代西洋国際体制では、国家は対等の権利をもつことが原則だからである。

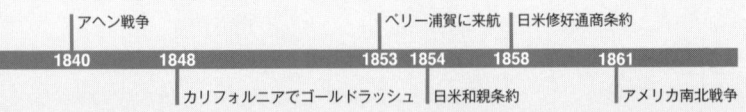

1840 アヘン戦争
1848 カリフォルニアでゴールドラッシュ
1853 ペリー浦賀に来航
1854 日米和親条約
1858 日米修好通商条約
1861 アメリカ南北戦争

幕末から明治にかけて、もっとも影響力のあった思想家福沢諭吉は、明治初期のベストセラー啓蒙書だった『学問のすゝめ』（1872～1876年）で西洋の国際秩序を以下のように説明した。

我日本国にても、今日の有様にては西洋諸国の富強に及ばざるところあれども、一国の権義においては厘毛《りんもう》の軽重あることなし。道理に戻りて曲を蒙《こうむ》るの日に至っては、世界中を敵にするも恐るるに足らず。（日本は西洋諸国の強大さにはかなわないが、一国の権利としてはまったく等しい。道理に合わないことをいわれれば、世界中を敵にしてもおそれなくてもよい）

弱肉強食という現実

ところで、欧米諸国は国際法の上だけでも日本を対等だと思っていたのだろうか。じつは、19世紀の国際法・国際体制には西洋諸国に有利な「文明国標準」（序参照）という発想があった。それは、欧米諸国のような「文明国」ではない国や地域に対しては、文明国間の法や制度は適応しないという考え方だ。幕末の日本が欧米諸国と結んだ条約が不平等だったのも、日本が非文明国とされたからにほかならない。

明治政府は、本格的に開国し、近代西洋国際体制に参入したが、欧米諸国に対等な存在と認知されなくては、文字通り生き残れないことを痛感した。なにをおいても日本を近代化して「文明国標準」に到達させることが至上課題となった。混乱期に政府首脳が長期の視察旅行に出かけた岩倉使節団の派遣（05参照）や、多くの人の困惑と抵抗を無視した急激な改革は、日本を文明化するための非常措置だったといえる。

くわえて明治政府が痛感したのは、弱肉強食という国際政治の現実だった。そもそも、鎖国を続けたかった日本が開国したのは、欧米諸国の圧倒的な軍事力に対抗できなかったからだ。プロイセ

1867 大政奉還／王権復古の大号令
1875 樺太・千島交換条約
1877 西南戦争
1879 沖縄県設置（琉球処分）
1885 内閣制度発足
1889 大日本帝国憲法発布
1894 日清戦争

ンの宰相ビスマルクは、極東からやってきた弱小国家の岩倉使節団を前に次のように演説した。

> **いわゆる国際法というものは、列国の権利を守る法典ではあるが、大国の利益に関わる場合、自分に役立つときは国際法を持ち出すが、もし国際法が不利なときは一転して軍事力にものを言わすのだ。（久米邦武『米欧回覧実記』より）**

ドイツ帝国の礎《いしずえ》を築いた宰相は、「国際法など結局大国の都合の前には意味がない。日本が独立を保つためには、愛国心を奮い立たせて、国力を高めるしかない」と語った。

文明世界の理想を語った福沢諭吉も、国際政治の現実をしっかり認識しており、「百巻の万国公法は数門の大砲に若《し》かず、幾冊の和親条約は一筐《きょう》の弾薬に若かず」（「通俗国権論」1878年）と述べ、西洋文明に憧れるだけでは、日本は繁栄しないと警鐘をならした。福沢は、やみくもな軍備増強を望んだのではなく、国際秩序の本質を認識して、日本が生き残る方策を確定せよと訴えたのである。

■初期外交

こうして日本は、弱肉強食の国際社会の現実を思い知らされながら、外交を展開していくことになる。欧米諸国に対しては、とにかく不平等条約を改正してもらうことが第一の課題となった（07参照）。一方、華夷秩序を抜け出した日本にとって、周辺諸国との関係をどのように再編するかも重要な問題になった。

朝鮮半島の李氏王朝は、中国を宗主国とする華夷秩序のなかにあった。1868（明治1）年、日本政府は新政権誕生を朝鮮国に伝えたが、華夷秩序の論理に合わない日本の立場を朝鮮側は受け付けなかった。また、琉球（沖縄）は、江戸時代には薩摩藩が支配していたが、琉球王国として中国にも服属していた。日本と中国に両属することは、西洋の国際秩序ではありえない。また、中国は

1840 アヘン戦争
1848 カリフォルニアでゴールドラッシュ
1853 ペリー浦賀に来航
1854 日米和親条約
1858 日米修好通商条約
1861 アメリカ南北戦争

清朝が衰えはじめていたとはいえ、依然として慎重に扱わねばならない大国であった。

こうした諸問題に対し、明治政府は、欧米諸国から苦しめられている「文明国標準」の論理を利用して対応していった。

朝鮮には、無礼をとがめて武力で脅しつつ、1876年に不平等条約の日朝修好条規を押しつけた。西洋文明に理解を示さない国には不平等な条約でよいとの発想だった。

清国とは、対等な立場で1871年に日清修好条規を結んだ。中国側の意識上では、日本は中華文明の周辺にある属国的存在だったが、条約によって対等な関係性を世界に向けて示したのである。

琉球問題は、琉球漁民が台湾に漂着した際に、原住民に殺された事件を利用した。清国は、琉球漁民を「日本人」と認めなかったため、日本は台湾出兵（1874年）を断行した。結局、清国は「見舞金」を支払ったが、日本側はこれを清国が琉球を日本領と認めたものと解釈した。

欧米諸国の圧力に苦しんでいた日本が、同じ苦しみを周辺国に与えていったことをどう評価すべきか、たいへん難しい。非道な振る舞いだと道徳論で批判するべきではないが、国際政治の現実だと割り切ることもできない。ここに近現代日本史が抱える重大な矛盾が現れるのである。

■

◎**無主地**＝国際法でどこの国の領土でもないとされる領域。無主地は、支配の意思を示して実効的な支配をする「先占《せんせん》」によって領有できる。この論理を使い、欧米諸国は南北アメリカ・アジア・アフリカなどの各地を植民地にした。

◉**さらに勉強したい人のために▶▶▶**毛利敏彦『台湾出兵』中央公論社、1996年。

1867 大政奉還／王権復古の大号令
1875 樺太・千島交換条約
1877 西南戦争
1879 沖縄県設置（琉球処分）
1885 内閣制度発足
1889 大日本帝国憲法発布
1894 日清戦争

07 鹿《ろく》鳴《めい》館《かん》外交

【悲願の条約改正問題】

■不平等条約の問題

明治政府の最重要外交課題は、不平等条約の改正だった。関税自主権がないこと、領事裁判権を認めていること、在日外国人や居留地を規制する行政権が日本側にないことが、とくに重大な点であった。

第一に、関税自主権がないため、関税を自由に上げられず、関税収入が得にくかったことが問題であった。現在と違い、当時の国家は関税が重要な収入源だった。明治政府は、関税に頼れないこともあって、やむを得ず**地租改正**によって高い税金を農民に課した。その結果、新政権への期待はうすれ、農民一揆や反政府運動が激化した。

第二の問題は、領事裁判権により日本の国家としての体面が失われることであった。ノルマントン号事件は、その象徴的な事例である。1886（明治19）年10月、イギリスの貨物船ノルマントン号が紀伊半島沖で座礁・沈没したが、イギリス人乗組員がボートで脱出したにもかかわらず、日本人乗客は全員死亡した。世論はイギリス人乗組員の行動に憤慨した。しかし、領事裁判権を認めていたため、イギリス人を日本の裁判所で裁けず、イギリス領事の裁判で乗組員は全員無罪となった。ノルマントン号事件は、国民感情を傷つけ、政府の威信も低下させた。

第三は、教科書などでは触れられない行政権の問題である。日本政府が国内の行政権をもつのは当たり前だが、外国人やその居留地には日本の法律や課税を適用できなかった。これは、日常的

1840 アヘン戦争
1848 カリフォルニアでゴールドラッシュ
1853 ペリー浦賀に来航
1854 日米和親条約
1858 日米修好通商条約
1861 アメリカ南北戦争

な外国人との接触でさまざまな弊害があった。くわえて、欧米人の勝手気ままな行動が目立つため、日本社会の排外的雰囲気を高め、政府の無力ぶりを露呈させるものでもあった。

では、どうすれば改正に応じてもらえるのか。その答えは、日本が「文明国標準」(序と06参照) に達して欧米にならった文明国になることだった。それには、政治・経済の諸制度を整備するだけでなく、風俗や社会的慣習までも西洋化することが求められた。「日本には独自の文化がある」などと議論している暇はない。よいか悪いかの問題ではなく、西洋文明の導入は国家存亡にかかわる問題であった。

■鹿鳴館でのダンスパーティー

1883 (明治16) 年7月、東京麴町《こうじまち》区山下町 (現在の千代田区内幸町《うちさいわいちょう》) に煉瓦《れんが》造りの壮麗な洋館が完成した。明治政府が、お雇い外国人のコンドルに設計を依頼して建設した、外国人接待のための鹿鳴館である。外務卿 (1885年の内閣制度成立後は外務大臣) に就任した井上馨《かおる》は、この洋館に外国人を招いてパーティーを催し、日本の西洋化を示すことで条約改正を促進しようと考えたのだ。

井上の前任の寺島宗則《てらしまむねのり》は、アメリカとの交渉をすすめたが、イギリスやドイツの反対で失敗した。最恵国《さいけいこく》待遇があるため、どこか一国が改正に応じても、ほかの国が応じなければ、結局、外国側には有利な条件である不平等な内容が改正に応じた国にも適用されてしまう。つまり、不平等条約の締結諸国すべてが改正に同意しなければならないということである。

井上は、列国を集めて改正会議を開く方針とし、一方で、鹿鳴館に象徴される欧化政策を推進した。しかし、着慣れぬ燕尾服やドレスに身を包んだ政府高官や貴夫人が外国人とダンスに興じる姿は、世論の激しい反発を招いた。政府の交渉案にあった、外国

1867	1875	1877	1879	1885	1889	1894
大政奉還 / 王権復古の大号令	樺太・千島交換条約	西南戦争	沖縄県設置 (琉球処分)	内閣制度発足	大日本帝国憲法発布	日清戦争

人の自由な居住を認めた内地雑居と裁判所への外国人判事任用も批判された。内地雑居は、外国商人が進出して日本商人を追いやってしまうとして、また、日本の裁判所に外国人の判事を任命することは日本の国家主権を損なうものだとして反対された。

鹿鳴館外交は多くのスキャンダルを生んだ。当時の日本では、男女が手を取り合って踊ること自体がみだらな行為だった。また、好色とウワサされる伊藤博文の醜聞も大きく報じられた。妥協案への批判と世論の反発に抗しきれず、井上は1887年に外務大臣を辞任した。次に改正交渉を担った大隈重信《おおくましげのぶ》も、外国人判事任用を批判されたうえ、**国粋主義**者に爆弾を投げつけられて右足切断の重傷を負って辞任した。

結果的に、条約改正は、1894（明治27）年の日英通商航海条約による領事裁判権の撤廃と関税自主権の一部回復、1911（明治44）年の日米通商航海条約による関税自主権の回復でようやく実現する。

■外交と内政

条約改正の経過で気づくことがある。それは、外交問題は内政問題でもあるということだ。何度も繰り返された外国との改正交渉だが、外国側は一定の理解を示し、新条約締結に同意していた。改正を阻んだのはむしろ国内の反対であった。

1877（明治10）年の西南戦争を最後に、武力による大規模な反乱は終結した。しかし、政府に不平を抱く士族（旧武士層）は、専制をおこなう政府に民主化を要求する自由民権運動を起こすことで、政府攻撃を続けたのである。1881（明治14）年には、議院内閣制の導入を主張していた大隈重信が政府から追われ、板垣退助の自由党と大隈重信の立憲改進党は政府批判の一大勢力となった。

自由民権派も不平等条約を容認したわけではなく、交渉内容や

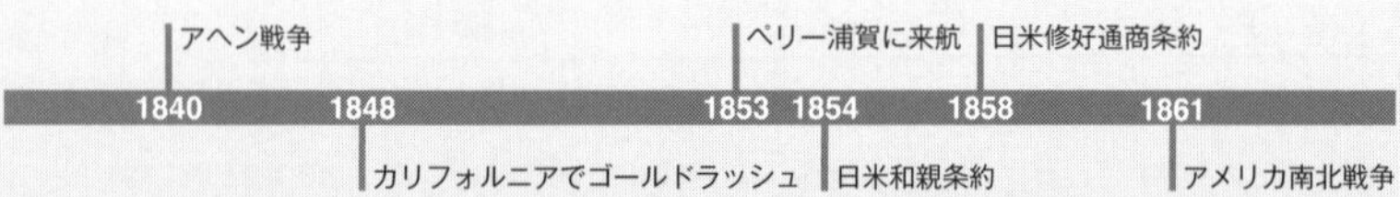

無節操な欧化政策をとりあげて政府攻撃を繰り返した。1890（明治23）年の議会開設後は、選挙で政府系勢力を圧倒し、引き続き政府批判をおこなった。

明治政府は自由民権運動を弾圧したが、安定した政治運営のためには、ある程度の妥協も迫られた。自由民権派の大隈重信を外務大臣に引き入れて改正交渉にあたらせたのもその一例といえる。しかし、大隈も過激な国粋主義者からみれば、日本の尊厳を傷つける存在だった。

欧化政策の否定はありえない選択だった。近代国家建設には西洋文明導入が不可欠だからだ。しかし、急速な欧化に対応できない人々の抵抗を招く。民主化の全面否定もできなかった。**憲法制定**とセットになった議会開設は「文明国標準」の条件だったからである。ところが、民主化は独裁による近代化をめざす政府の足《あし》枷《かせ》にもなる。一方で日本の伝統を守れという意見も否定できなかった。愛国心を育てるために必要だからだ。ところが、過激な国粋主義は暴走する。国際情勢と国内事情が複雑に絡まって政府を悩ませた。まさに、外交問題は内政問題だったのである。

■

◎**地租改正**＝1873年実施。地価を定めて土地所有者に地券を発行し、地価の3%を金納させた。江戸時代の年貢と違い、作柄に関係なく一定の税収入が得られた。
◎**国粋主義**＝急速な西洋文明化（欧化政策）を批判し、日本の伝統や国柄を保つことを主張した。ただし、国粋主義者も、西洋文明導入を否定しなかった。
◎**憲法制定**＝1889年大日本帝国憲法が制定された。日本は、憲法を基本法とする立憲国家となり、翌年に帝国議会が開設された。
●**さらに学びたい人のために▶▶▶**犬塚孝明『明治外交官物語』吉川弘文館、2009年。

年	上段	下段
1867	大政奉還	王権復古の大号令
1875	樺太・千島交換条約	
1877		西南戦争
1879		沖縄県設置（琉球処分）
1885	内閣制度発足	
1889		大日本帝国憲法発布
1894	日清戦争	

08 はじめての「遅刻」

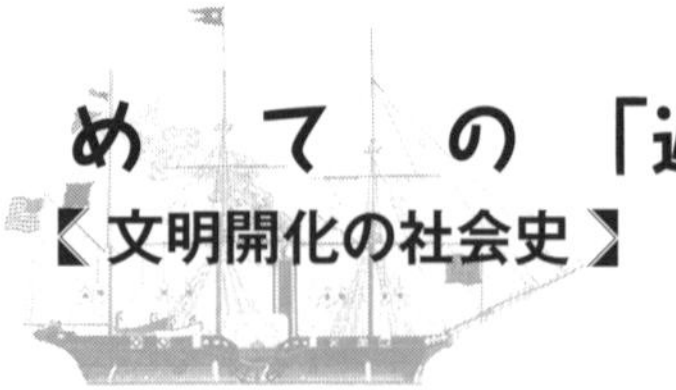

【文明開化の社会史】

■学校に行こう

開国和親の基本方針を定めた維新政府は、やつぎばやに改革を実行した。1868年には明治と改元し、一代の天皇で一元号とした。翌年には東京遷都《せんと》を断行した。1871年には藩を廃して県を設置し（廃藩置県）、地租改正（1873年）により徴税制度も変更した。新橋・横浜間に鉄道も敷設《ふせつ》した。こうした大改革は、中央集権体制を確立し、近代国家として日本を再出発させるためだった。

人々の生活に直結する諸制度も大変革があった。庶民の名字使用許可、散髪廃刀許可、**キリスト教解禁**など、それまでの「常識」や風俗が一変した。こうしたなか、明治政府が重視したのが教育の普及だった。近代国家建設には庶民も含めた総力を結集しなければならず、国家にとってよき労働力・軍事力となる大多数の人民の知識力向上と統制のために、教育制度の整備は急務だった。

1872（明治5）年に発布された学制は、日本で最初の近代的教育制度となった。学制の序文には次のようなことが書かれていた。

> **学問は生きていくための資本ともいうべきもので、人はみんな学ばなければならない。……今後はすべての人民が、村に学ぼうとしない家がなく、家に学ぼうとしない人がいないように心がけてほしい（学事奨励に関する被仰出書《おおせいだされがき》）**

そんなことは当たり前のことだと思うかもしれない。しかし、江戸時代までは、政治は武士階層が独占するもので、庶民に学問は必要なく、「お上」のいうとおりに生きていけばよいと考えられていた。ところが、明治政府は、すべての人民に向かって学問

1840 アヘン戦争
1848 カリフォルニアでゴールドラッシュ
1853 ペリー浦賀に来航
1854 日米和親条約
1858 日米修好通商条約
1861 アメリカ南北戦争

の重要性を説き、子どもを学校に通わせるよう命じたのである。庶民は困惑した。農村では子どもも重要な働き手であり、貧しい農民には必要と思えない読み書きを教えるための学校の建設・維持費用を負担しなければならないからである。それでも、「お上」の命令に従順な庶民は子どもを学校に通わせはじめ、初等教育は日本社会に定着していった。

■時間の誕生

1872年、つまり明治5年は12月2日で終わった。これは、どういうことなのか。

日本は、月の動きを基本にした暦である太陰暦を長く使っていた。この暦の欠点は、1年が354日になることで、実際の季節とずれが生じることだった。よって、3年に1度閏月《うるうづき》とよばれる調整月をおいた。一方、当時の欧米諸国は地球の公転を基準にした太陽暦（グレゴリオ暦）を採用していた。明治政府は西洋文明化の一環として、また、西洋諸国との暦のずれが不便であるため、太陰暦の明治5年12月3日を期して太陽暦の明治6（1873）年1月1日としたのである。

また、定時制を社会に行き渡らせることも重視された。江戸時代までは、日の出から日の入りまでを6等分、日の入りから日の出までを6等分して、一つの単位を1刻《こく》とした。この方法だと、夏の日中の1刻の方が冬の日中の1刻より長くなる。現在のわれわれが当然と思っている、一定の長さの時間単位ではなかったのである。もちろん、江戸時代の人にも時の感覚はあったし、待ち合わせや行事進行に時刻を知る必要はあった。ただし、それは「おおよそ」だったということだ。

幕末に日本を訪れた欧米人の多くが、日本人の時間感覚がおおらかで（悪くいえばいいかげんで）、人々がのんびり暮らしている

年	出来事
1867	大政奉還 / 王権復古の大号令
1875	樺太・千島交換条約
1877	西南戦争
1879	沖縄県設置（琉球処分）
1885	内閣制度発足
1889	大日本帝国憲法発布
1894	日清戦争

様子を、異文化への感動をこめて書いている。しかし、近代国家はそれではダメなのである。鉄道の運行がおおよその時間では事故になるし、画一的な工業製品をつくるためには時間を厳格に守らせる労働管理が必要になる。定時制の導入は、西洋文明の秩序意識の導入でもあった。

■学校の規律

　西洋からやってきた目に見える事物は、使い方や食べ方などを知って活用すればよい。しかし、時間の観念のような意識レベルの問題は、簡単に変えることはできない。いくら政府が太陽暦や定時制の採用を決定しても、人々は太陰暦や不定時制の感覚で生きていた。

　それでは、どうすれば意識を変えられるのか。活用されたのが学校だった。学校は、始業時間を子どもに厳格に守らせた。また、行事なども太陽暦の日付で通知した。こうすれば、わが子が困らないよう、親も登校「時間」や学校行事の太陽暦の日付を気にするようになる。学校を通じて、家庭に時間の感覚だけでなく、時間を守るといった規律意識も植えつけていったのだ。毎朝見られる、職場にあるいは学校に「遅刻」をしないように走るわれわれの姿の起源はこのあたりにありそうだ。

　それまでの日本社会にも規律はあった。しかし、明治になって導入された規律は、「日本」という国家の発展のために貢献できる人材を育成するという大目標を背景に、国家が画一的に人々に植えつけた点が特徴である。努力して立身出世せよというのは、個人の達成感の問題として推奨されたのではなく、国家の発展に役立つ人間になれという意味だった。

　ところで、学校の先生はどんな人物がなったのだろうか。全国に一斉に学校をつくったのだから、教員養成をする暇はなかった。

1840 アヘン戦争
1848 カリフォルニアでゴールドラッシュ
1853 ペリー浦賀に来航
1854 日米和親条約
1858 日米修好通商条約
1861 アメリカ南北戦争

士族（旧武士層）の多くは、武士の素養として最低限の教養を身につけており、彼らが当初学校の先生になった。制度としての身分はなくなったとはいえ、武士に逆らわないという感覚はすぐに消えるものではない。規律を徹底させるには、元お侍さんのこわい先生が適任だった。ただし、士族の名誉のためにつけくわえておくと、江戸時代からの人民の保護者意識がよい方向に発揮されて、立派な先生が多かった。

文明開化というと、牛肉を食べる、断髪をする、ガス灯が設置されるなど、可視的な変化に注目されがちだが、もっと重要だったのは、人々の意識にいたるまで西洋文明が浸透していった点である。ただし、その評価は難しい。近代西洋文明は、江戸時代ののんびりとした穏やかな時の流れを壊し、人々を働きアリのようにしたといえる。一方、近代西洋文明の導入によって、江戸時代の身分制の束縛が解かれ、多くの人が教育を受けて立身出世を夢見ることができる社会になったともいえる。また、画一的な教育は、多様な存在を認めていたとされる江戸時代の社会から、学校の成績で人の価値を決めてしまう風潮を生んだ。一方、日本中で文字の表記法が統一され、基礎的な知識が定着したことで、社会に統一感ができて利便性を高めたことも否定できない。明暗の両面をもつ文明開化により、日本は劇的な変貌をとげていくのである。

■

◎**キリスト教の解禁**＝1868年、五箇条の御誓文とともに、民衆向けに示された「五榜《ごぼう》の掲示」では、キリスト教は禁止されていた。しかし、欧米諸国からの抗議をうけて、解禁に転じた。また、仏教と神道の分離を命じ、一時的ではあるが、寺院や仏像を破壊する廃仏毀釈《はいぶつきしゃく》運動がおきた。

◉**さらに勉強したい人のために▶▶▶**牧原憲夫『文明国をめざして』小学館、2008年。

1867 大政奉還／王権復古の大号令
1875 樺太・千島交換条約
1877 西南戦争
1879 沖縄県設置（琉球処分）
1885 内閣制度発足
1889 大日本帝国憲法発布
1894 日清戦争

09 脱　亜　入　欧

【東アジアと日本】

■脱亜論

> 今日の謀《はかりごと》を為すに、我国は隣国の開明を待《まち》て共に亜細亜を興《おこ》すの猶予ある可《べか》らず、寧《むし》ろ其伍《そのご》を脱して西洋の文明国と進退を共にし、其支那朝鮮に接するの法も、隣国なるが故にとて特別の会釈に及ばず、正に西洋人が之に接するの風に従《したがっ》て処分すべきのみ。悪友に親しむ者は、共に悪名を免かる可らず。我れは心に於て亜《あ》細亜《じあ》東方の悪友を謝絶するものなり。

これは、1885（明治18）年3月に、福沢諭吉が発表した「**脱亜論**」の終結部分である。一万円札に肖像が使われる福沢は、明治期の代表的な知識人で、慶應義塾を創設し、多くの有能な人材を育てた。脱亜論は日本のアジア侵略を認める思想だという批判もある。福沢は、当初隣国である朝鮮の改革に深い関心をもっていた。朝鮮では、近代国家として急速に発展しはじめた日本への警戒と同調がいりまじり、宗主国である清を頼って現状維持をしようとする勢力と近代的改革をすすめようとする勢力が対立していた。

1882年に日本に留学して慶應義塾に学んだ金玉均《きんぎょくきん》は、1884年に母国でクーデターを断行した（**甲申《こうしん》事変**）。しかし、清国の介入でクーデターは失敗、金玉均は日本に亡命した。こうした情勢をみた福沢は、日本の近代化を最優先すべきで、清や朝鮮の近代化にかかわるべきではないと判断した。たしかに、脱亜論は清や朝鮮を無視する傲慢な意見である。しかし、むしろ後のアジア侵略の思想を支えるのは、日本はアジアの一員として、ともに欧米諸国と立ち向かうべきだとするアジア主義の議論であり（**30**参照）、

1840 アヘン戦争
1848 カリフォルニアでゴールドラッシュ
1853 ペリー浦賀に来航
1854 日米和親条約
1858 日米修好通商条約
1861 アメリカ南北戦争

脱亜論は侵略思想と直結しないと考えるべきであろう。

■主権線と利益線

資源にとぼしく人口の多い日本にとって、海外発展は不可欠だった。その足がかりとして、また安全保障上の観点からも、朝鮮半島は重要な地域であった。

1890(明治23)年、第1回帝国議会の施政方針演説で、山県有朋《やまがたありとも》首相は次のように述べた。

国家が独立自営する二つの道があり、その第一は主権線を守ること、第二は利益線を保護することで、主権線とは国の領域のこと、利益線とは主権線の安危に密接に関係する地域のことで、およそ国として主権線と利益線をもたない国はありません。現在の国家間のなかで独立を維持するためには、主権線を守るだけでは決して十分とはいえません。

山県のいう利益線の地域とは朝鮮半島のことである。独立のためには領土の外側にも勢力を伸ばすべきだという発想だ。明治政府は、朝鮮の内紛に介入を重ねるうちに、利益線確保のためには、いずれ清との対決が避けられないと考えるようになった。山県は、「だから巨額の予算を軍事費に割《さ》くのです」と力説して、きたるべき戦争に備える必要性を訴えた。

ところで、利益線という考え方には二つの問題点がある。一つは、将来、朝鮮半島が確保できれば、次はその北側が利益線になるというように、拡大の歯止めがきかなくなることだ。もう一つは、日本の独立のための利益線が他国の独立をおかすことである。

山県は朝鮮半島の中立化を主張しており、すぐにも侵略する考えではなかったが、弱肉強食の国際関係のなかで他国の独立を心配している場合ではないというのが実情だった。しかし一方で、こうしたむきだしの現実論が、日本とアジア諸国の不幸な関係の

1867	1875	1877	1879	1885	1889	1894
大政奉還 / 王権復古の大号令	樺太・千島交換条約	西南戦争	沖縄県設置（琉球処分）	内閣制度発足	大日本帝国憲法発布	日清戦争

原因の一つであったことも忘れてはならない。

■日清戦争

憲法を制定し議会を開いた明治政府は、政府に反対する民党《みんとう》の予想外の勢力伸長に悩まされた。また、外交では条約改正に失敗し続け、朝鮮半島では清の勢力が強くなる一方だった。

清は、欧米勢力の圧迫をうけつつも、日本への警戒もあり、軍備の近代化をはじめた。ドイツに発注した定遠《ていえん》・鎮遠《ちんえん》の2隻の大戦艦が完成し、1886年には長崎を親善訪問した。親善というより威嚇の意味が強い行動で、日本は危機感を強めた。

1894（明治27）年、伊藤博文内閣は条約改正問題で議会と折り合いがつかず、困難な政局に立ち往生していた。その最中に朝鮮半島で大規模な農民反乱（甲午《こうご》農民戦争）が起きた。外務大臣の陸《む》奥《つ》宗光《むねみつ》は、これを懸案である朝鮮問題と内政問題を一挙に解決する好機と考えた。陸奥は「カミソリ」（鋭敏のたとえ）といわれた人物である。朝鮮に難題をつきつけて、宗主国の清を刺激して、日本がやむを得ず戦争をするかたちにする。また、戦争になれば世論がもりあがり民党も政府に協力せざるを得なくなる。

陸奥は、清の派兵で反乱が鎮圧されたにもかかわらず、軍隊を次々と朝鮮に送り、朝鮮政府に厳しい改革要求をつきつけた。欧米諸国の思惑もあり、日清間ではギリギリの駆け引きが続いた。こうしたなか、7月16日、日本に朗報が届いた。日英通商航海条約の調印である。イギリスは日本に好意的だと判断し、7月25日の豊島《ほうとう》沖海戦で戦争がはじまった。8月1日の宣戦布告の前に、緒戦で日本は攻勢にでた。大国である清との戦争を不安視する見方もあったが、あいつぐ戦勝に国民は熱狂した。本格的対外戦争を経験するなかで、人々は日本国民だという一体感を強くもつようになった。

1840 アヘン戦争
1848 カリフォルニアでゴールドラッシュ
1853 ペリー浦賀に来航
1854 日米和親条約
1858 日米修好通商条約
1861 アメリカ南北戦争

1894年9月の黄海《こうかい》海戦、11月の遼東《りょうとう》半島制圧と、日本の優勢はゆるがず、1895年3月には、清国全権李鴻章《りこうしょう》が下関に到着、講和交渉がはじまり、4月17日に下関条約が調印された。清の朝鮮独立承認、遼東《りょうとう》半島・台湾・澎湖《ほうこ》諸島の日本への割譲《かつじょう》、賠償金2億両などが約束され、日清戦争は日本の完勝で終わった。

陸奥外相の計算通りに事態は進展した。朝鮮半島から清の勢力を追い出し、民党の協力も実現し、くわえて日英通商航海条約によって領事裁判権の撤廃も認められた。また、海外に領土を得たことで、日本は欧米諸国のように植民地をもつ帝国へと新たな一歩をすすめた。

福沢は、日清戦争について、近代化をすすめる「文明国」の日本が、西洋文明に理解を示さない清と戦う「文野《ぶんや》（文明と野蛮）の戦争」と表現した。実際には、清も近代化と無縁ではなかったし、国土が戦場になった朝鮮半島の人々にとっては「文明」の恩恵など感じられなかった。一方、日本社会には、この戦争の頃から中国や朝鮮を侮蔑《ぶべつ》する風潮が強まり、欧米諸国とは協調しつつアジア諸国には強圧的な態度をとるという近代日本の「病《やまい》」が顕著になっていくのである。

■

◎**脱亜論**＝1885年3月に『時事新報』に掲載された社説。無署名記事であり、福沢が執筆したという確証はない。しかし、福沢の考えにまったく反した社説が掲載されるとは考えにくく、「脱亜論」が福沢のおおよその考えであったと考えるべきであろう。
◎**甲申事変**＝李王朝の朝鮮は、清を宗主国として朝貢していた。王朝内では、国王高宗の父である大院君と、高宗の妃の閔《びん》氏一族が対立した。1882年、壬午《じんご》事変では大院君派が閔妃追放をくわだてたが失敗。1884年には独立党の金玉均らが親清派に寝返っていた閔妃排斥をくわだてた。日本は独立党を支援したが失敗。1885年には、朝鮮への出兵時には、日本と清が通知しあうことを約した天津条約が結ばれた。
●**さらに学びたい人のために▶▶▶**北岡伸一『独立自尊　福沢諭吉の挑戦』中央公論新社、2011年。

年	出来事
1867	大政奉還／王権復古の大号令
1875	樺太・千島交換条約
1877	西南戦争
1879	沖縄県設置（琉球処分）
1885	内閣制度発足
1889	大日本帝国憲法発布
1894	日清戦争

第2部　一等国への道

「怪魚の日本・巨人の清・熊のロシアがアジアで勢力を競っている風刺画（1904年2月）」
（出典：飯倉章『日露戦争風刺画大全』上、芙蓉書房出版）

近代国家としてのスタートを切った日本。

欧米諸国と対等な地位を得ようと必死の努力を続けた。

しかし、帝国主義の世界は、

日本が簡単にのし上がれるほど甘くはなかった。

「帝国」日本はどのように

形成されていくのだろうか。

10 他策なかりしを信ぜんと欲す

【帝国主義の世界】

■三国干渉

日清戦争に勝利した日本は、沖縄の南方に浮かぶ台湾・澎湖諸島と朝鮮半島の西側のつけ根にある遼東半島を、中国に割譲させた。日本にとって、はじめての海外植民地である。

台湾は、清国領ではあったが、清は長く先住島民を「化外《けがい》の民」（中華文明の恩恵に浴していない野蛮人）とみなして放置していた。日本軍は抵抗する台湾住民を厳しく弾圧したが、統治はうまくいかなかった。1898（明治31）年に第4代総督に就任した児玉源太《こだまげんた》郎《ろう》は、行政にたけていた後藤新平《ごとうしんぺい》を民政長官に起用した。後藤は、台湾の慣習と日本式統治のバランスを重視した政策に転換し、ようやく植民地経営は軌道にのることになる。

一方、遼東半島は、清の北洋艦隊がおかれた旅順《りょじゅん》や大連《だいれん》といった都市があり、渤海《ぼっかい》を挟んで清の首都北京のある直隷《ちょくれい》省と接する地政学的な要地であった。朝鮮半島が確保しやすくなることはもちろん、ここから中国東北部（満州）へ進出することもできた。

ところが、日本の遼東半島領有に待ったがかかった。中国東北部と朝鮮半島への進出をねらうロシアが、フランスとドイツを誘い、日本に遼東半島を返還するよう求めたのだ。これが三国《さんごく》干渉である。露・仏・独三国の言い分は、日本の遼東半島領有が中国の政情を不安定化させ、朝鮮の独立を損なうというものだった。

日本政府は衝撃を受けた。清に勝利したとはいえ、露・仏・独に対抗する力がないことは明らかだった。伊藤博文首相は国際会議での交渉を考えたが、陸奥宗光外相は、一層の干渉を招くとし

1900 北清事変
1902 日英同盟協約
1904 日露戦争
1905 ポーツマス条約
1910 韓国併合

て反対した。結局、3000万両の代償を受け取ることで、政府は半島の返還を決定した。陸奥は、この苦渋の決断を回想録の『蹇《けん》蹇録《けんろく》』で次のように書いている。

清国に対しては戦勝の結果を全収すると同時に、露、独、仏三国の干渉をしてふたたび東洋大局の治平を攪擾《かくじょう》するに至らしめざりしものにして、畢竟《ひっきょう》我にありてはその進むを得べき地に進みその止まらざるを得ざる所に止まりたるものなり。余は当時何人を以てこの局に当らしむるもまた決して他策なかりしを信ぜんと欲す。

しかし、事態は日本の遼東半島返還で終わらなかった。新興の小国日本に敗北したことで清国の弱体化は明確になった。1898（明治31）年、ロシアが大連と旅順を、ドイツは膠州湾《こうしゅう》、イギリスは威海衛《いかいえい》を清から**租借**《そしゃく》したのである。北京を脅かし、朝鮮の独立を損なうのは、ロシアでも同じはずである。ロシアの本音は、日本でなく自分が遼東半島を得たかったということだ。日本はあらためて欧米諸国の外交のすさまじさを実感するとともに、「臥薪嘗胆《がしんしょうたん》」（将来の成功のため長い苦労を重ねること）をスローガンに、次なる敵はロシアとみなすようになった。

▒帝国主義

19世紀後半、イギリスやフランスに代表されるヨーロッパ諸国は、広大な植民地を手に入れ、「帝国」は全盛期を迎えた。この場合の帝国とは、皇帝が統治する国という意味ではなく、植民地や属国を支配して複数の民族を従える国家のことである。近代の帝国は、必要な原料を植民地から入手して工業製品をつくり、それを植民地の人々に売ることで発展した。

イギリスを例に説明してみよう。イギリスは、サトウキビやタバコを単作するプランテーションを植民地につくり、アフリカの人々を奴隷にして働かせて、砂糖やタバコといった世界商品を手

辛亥革命 1911 | 1914 第一次世界大戦に参戦 | 1918 シベリア出兵

に入れた。また、アメリカやインドで栽培された綿花から綿織物をつくり莫大な利益をあげたのである。資本家は、製品の販路として、また蓄積した資本（お金）の投資先としても、ますます植民地を重視し、植民地拡大を要請するようになった。

こうした植民地帝国拡大の論理を帝国主義と呼ぶ。19世紀後半には、ドイツやアメリカが勢力を伸ばし、帝国間の植民地争奪戦は激化した。中国は、巨大な人口を抱える最後の進出先として、各国はその市場をねらっていた。三国干渉も、帝国主義外交の一環だったのである。

■中国の植民地化

日清戦争後、ヨーロッパ諸国の中国進出は加速した。イギリスは長江流域一帯、ロシアは中国東北部、フランスは広州湾一帯、ドイツは山東半島を自国の**勢力圏**として、中国を事実上分割した。清では、康有為《こうゆうい》らの官僚が日本をモデルに変革をめざすが（変法《へんぽう》運動）、守旧的だった西太后《せいたいごう》により阻止され（戊戌《ぼじゅつ》政変）、政情は不安定化した。各国はそこにつけこみ、清の高官を賄賂《わいろ》で抱き込むなどして新たな利権を獲得していった。中国では、商業や開発を外国が主導しておこなうようになり、しだいに植民地化されていくのである。

一方、日本は中国進出に立ち後れたのはもちろん、日清戦争の目的であった朝鮮半島での勢力拡大も頓挫した。清から独立した朝鮮では、閔妃《びんび》（国王高宗《こうそう》の妃）が中心になって、ロシアを頼ることで日本に対抗しようとした。状況をあやぶんだ日本公使三浦梧《ご》楼《ろう》は、親日派の人物や反閔妃の大院君《たいいんくん》（高宗の父）らと結んで、王宮に侵入して閔妃を殺害するという暴挙にでた。しかし、高宗がロシア公館に避難して親日派は一掃され、かえって日本の立場は弱まった。

1900 北清事変
1902 日英同盟協約
1904 日露戦争
1905 ポーツマス条約
1910 韓国併合

清朝政府が統治能力を失いつつあるなか、1900（明治33）年には「扶清滅洋《ふしんめつよう》」（清を助け外国勢力を滅ぼす）をスローガンとする民衆組織「義和団《ぎわだん》」が、北京で外国公使館を包囲する事件が勃発した。この動きに合わせて清は列国に宣戦布告した（北清事変《ほくしんじへん》）。北京駐在の外交官は危機に陥った。日本軍は、イギリスの要請もあって列国連合軍中で最多の8000人を派兵した。義和団は鎮圧され、清は敗戦国として列国の軍隊の北京駐兵や賠償金などを認めた北京議定書（1901年）を結んだ。

北清事変での日本軍は、国際法を遵守《じゅんしゅ》し模範的な行動をとって列国から賞賛された。「文明国」ぶりを世界に示せたことは、行き詰まっていた日本外交を立て直す好機になったといえる。これに対し、ロシア軍は事変後も中国東北部の軍事占領を継続して各国の警戒を招いた。とりわけ、朝鮮半島問題で対立する日本にとって、中国東北部のロシア軍は脅威であった。

ここにいたって、日本の安全保障上の懸案解決のために、ロシアとなんらかの了解をとりつけねば事態の収拾がつかなくなった。日本は、世界最大の陸軍国ロシア帝国を相手に、戦争を覚悟したきわどい外交をおこなわざるを得なくなる。

帝国主義の時代にあって、日本も植民地拡大と戦争にあけくれる道をすすんだ。「他策」はなかったのか。近代日本史を学ぶ際に立ち止まるべき疑問といえる。

■

◎**租借**＝条約により他国から特定の土地を借りること。統治権は借りた国が行使するため、租借期間が長期になれば、事実上、植民地と同様になる。

◎**勢力圏**＝ある国が、別の国（その一部）を、自国の領土とせず、商業や開発、安全保障などの実権を握って自由に管理する地域。

●**さらに学びたい人のために▶▶▶**岡崎久彦『陸奥宗光とその時代』PHP研究所、2009年。

1911 辛亥革命
1914 第一次世界大戦に参戦
1918 シベリア出兵

11 大英帝国の番犬
【日英同盟の意味】

■黄昏《たそがれ》の帝国

コナン・ドイルの探偵小説の主人公シャーロック・ホームズが活躍した19世紀後半のイギリスは繁栄の絶頂にあった。1877（明治10）年にはヴィクトリア女王がインド皇帝となり、82年にはエジプト、86年にはビルマを正式に植民地とした。カナダやオーストラリアの自治植民地も合わせれば、イギリスはまさに「日の沈まぬ」帝国になった。経済力や軍事力に加え、英語は世界各地で使われ、イギリスのライフ・スタイルは文明の象徴とされた。

しかし、絶頂の後には下り坂が待っている。イギリスは多くの問題に直面していた。拡大した帝国を維持する負担が重くのしかかるようになっていた。インドでは反乱があいついだ。ホームズの助手ワトソンがインドで負傷して軍医をやめたという設定も世相を反映したものだった。欧米諸国は人民を動員するため国民意識の高揚につとめたが、それは同時に、支配地域の異民族のナショナリズムと独立の気運を高めることにもなった。

1871年には**ドイツが統一**され、急速に強大化し、ロシアは温暖な地域を求め、南下政策を積極化していた。1899年にはじまった南アフリカの**ボーア戦争**では苦戦を強いられたうえ、イギリスは国際的な孤立を深めた。追い打ちをかけるように、1901年には60年以上も在位していたヴィクトリア女王が死去し、さしもの大英帝国も暗い雰囲気に包まれるようになる。

こうしたなか、イギリスは外交政策の転換を模索しはじめた。強大な海軍力をもち、どの国とも同盟しない「光栄ある孤立」方

針では帝国を維持できなくなったからである。しかし、強大化するドイツやロシアと同盟すれば、かえって帝国の利益を損なう可能性があった。そうした折に目に入ったのが、極東の新興国日本である。北清事変では、ボーア戦争で手一杯だったイギリスに代わって大軍を派遣してくれた。アジアでのロシアの南下を防ぎたいという共通目標もある。日本がイギリスに反抗することはありえない。イギリスは、アジアに格好の「番犬」を見つけたのである。

■日英同盟締結

何とか帝国として歩み出した日本の立場は不安定だった。三国干渉では苦渋の決断をせまられ、朝鮮半島への勢力伸長もうまくいかなかった。日清戦争の賠償金でようやく重工業化をはじめたものの、経済力は弱く、無理をして軍隊を維持していた。

厳しい局面を打開する方法は二つあった。一つは、1894（明治27）年に日英通商航海条約（領事裁判権の撤廃）に応じてくれ、三国干渉でも中立を保つなど、日本に好意的なイギリスと同盟を結ぶことである。しかし、超大国が日本の同盟国になってくれるか微妙だった。もう一つは、妥協をしてロシアと関係改善することだ。**韓国**問題では、ロシアも苦労しているので、交渉は成功するかもしれない。

元勲《げんくん》筆頭の伊藤博文は、ロシアとの関係改善に積極的だった。しかし、伊藤の権力は弱体化していた。政府に反対する政党対策に手を焼いた伊藤は、自由党を吸収してみずから立憲政友会を立ち上げた（1900年）。こうした動きは、政党政治に批判的だった伊藤のライバル山県有朋《やまがたありとも》を怒らせ、山県の影響力が強い官僚や貴族院は、伊藤に抵抗した。4度目の首相をしていた伊藤は政権を投げ出さざるを得なくなった。

続いて首相になったのは、桂《かつら》太郎《たろう》である。桂は、伊藤や山県より一世代若い陸軍軍人だった。元勲はだれも入閣せず、山県の子分がとりあえず首相になったというくらいに考えられた。桂内閣の外務大臣には、英語に堪能でロシア駐在経験もある小村寿太《こむらじゅた》郎《ろう》が就任した。桂や小村は、ロシアと妥協しても一時的な問題回避に過ぎないため、イギリスと同盟を結ぶべきだと考え、日英同盟締結をめざした。

イギリスとの交渉では、韓国問題でどこまでイギリスの協力を得られるかが問題となった。一方、国内ではロシアとの妥協を主張する伊藤博文を説得できるかが問題であった。ドイツとの同盟を断念していたイギリスが積極的に応じたこともあって交渉は急速にすすみ、桂内閣の方針を伊藤も受け入れた。1902年1月、ついに日英同盟が成立した。同盟のおもな内容は、日本が朝鮮半島に特別な利害があることをイギリスは承認し、中国や韓国問題で戦争になった場合、イギリスは中立を保つというものだった。

■番犬から猛犬へ

1904（明治37）年、日本はついにロシアと戦争を開始した（日露戦争）。日英同盟は戦況に大きく影響した。イギリスが日本に好意的な中立国として、軍事情報の提供やロシア艦隊のイギリス領への寄港拒絶など、側面から援助をしてくれたからである。

どうにか日露戦争に勝利したことで、日本の国際的地位は大きく上昇した。イギリスは日本の実力を認め、日露戦後には日英同盟の改定に応じた。これによりイギリスは日本が韓国を保護国化することを認め、日本はイギリスがインドでもつ権益を承認した。また、一方が戦争をした場合、参戦して共に戦うこととなった。

一方、日露戦争に勝ったことで、日本への警戒感が強まった。黄禍論《おうかろん》（12参照）が叫ばれ、アメリカでは日本人移民排斥の動き（17参照）が激化して日米関係は急速に悪化した。また、中国に対

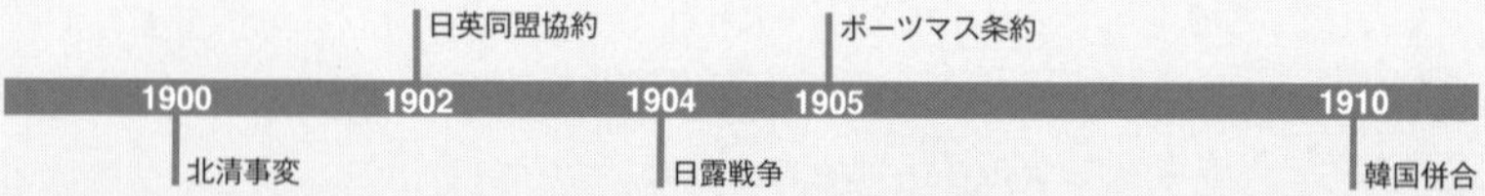

するロシアの影響力は減退したものの、こんどは日本が中国への強引な進出を開始した。イギリスは不安になった。もし、日米戦争になれば、イギリスはアメリカと戦うことになるのか。

1911年、ふたたび日英同盟は改定され、アメリカは日英同盟の適用から除外された。当初、イギリスの思い通りになると考えていた日本は、しだいに番犬ではなく、イギリスにかみつくかもしれない猛犬になった。1914（大正3）年にはじまる第一次世界大戦（16参照）で、日本は日英同盟に基づき参戦した。イギリスは日本に参戦を要請したが、すぐに取り消していた。日本の勢力が東アジアで強くなりすぎるのを警戒したからである。日本は強引に参戦し、中国に対してさまざまな利権を要求する「21カ条要求」をつきつけ、野心を露わにした。もはや日本は番犬ではなく、イギリスを脅かす存在になった。

1921（大正10）年、ワシントン会議で結ばれた4ヵ国条約（英・米・仏・日）により、アジア・太平洋地域の安全が維持されることになったため、日英同盟は廃棄された。もはや黄昏の大英帝国に単独で日本を抑える力はなく、アメリカの力を借りて国際秩序を再編せざるを得なかったのである。

■

◎**ドイツ統一**＝現在のドイツ地域は、中世以来の多くの領主が支配する状態だった。そのなかで国力をつけたプロイセンが中心になって、1871年にドイツ帝国が成立した。
◎**ボーア戦争**＝南アフリカのオランダ系住民（ボーア人）の利権をめぐり起きた（第一次は1880～1881年、第二次は1899～1902年）。最終的にはイギリスはボーア人の国を吸収したが、苦戦を重ね、イギリス軍の威信を低下させた。
◎**韓国**＝日清戦争後に独立した李氏朝鮮は、1897年国号を大韓帝国とあらためた。
●**さらに学びたい人のために▶▶▶**片山慶隆『小村寿太郎』中央公論新社、2011年。

1911	1914	1918
辛亥革命	第一次世界大戦に参戦	シベリア出兵

12 日本人は白人か？

【田口卯吉《うきち》の日本人種論】

■日本のアダム・スミス

田口卯吉は、明治時代に活躍した経済学者である。**自由貿易**の重要性を説き、「日本のアダム・スミス」と呼ばれている。田口は、『東京経済雑誌』を刊行し、鉄道経営など実業界で活躍する一方で、東京府会議員や衆議院議員を歴任した政治家でもあった。また、学者の史料編纂を支援するなど文化人としての一面もあった。

明治時代は、西洋文明化のための学問を必要とした時代だった。よって、西洋の知識を身につけた人は、さまざまな分野で活躍の場が与えられた。田口の多様な経歴は、彼がいいかげんな人だったからではなく、総合的な知識人としてその能力が求められた結果だった。田口は、若い頃の一時期、大蔵省に勤めながら勉強をしたが、それ以降は官僚や帝国大学の教師にはならず、民間で活躍した独立独歩の人だった。

資源が少なく狭い領土に多くの人口を抱えている日本が、近代国家として欧米列強諸国と肩を並べるためにはどうすればよいのか。また、日本と同様に島国のイギリスが大帝国として成功した秘密は何か。こうした疑問に対して、明治政府がだした答えは、日本も植民地や勢力圏を獲得するということだった。そこで、一番近くにある朝鮮半島を支配し、続いて朝鮮半島の北側に広がる中国東北部（満州）に勢力を広げていくことが、日本の対外政策の基本方針となった（09参照）。日露戦争は、朝鮮半島の支配権と満州への足がかりを築こうとした日本を、ロシアが阻止しようとしたことが要因となって起こったのである。日本は中国大陸に広

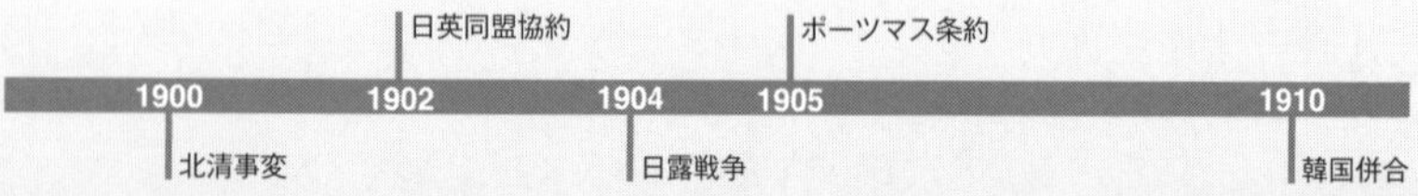

がる「陸の帝国」をめざそうとしていた。
しかし、田口の主張はまったく違っていた。東洋の平和のため日本が大陸に進出する義務があるという意見に対して「いつそんな命令をうけたのか」とたしなめた。植民地をもつべきだという意見に対して「現地住民の反発を受けながら莫大な費用をかけて軍事支配しても何の得にもならない」と反論した。「日本は海に囲まれているのだから、自由貿易の中継点として発展すれば、多すぎる人口も養える」というのが田口の主張だった。日本を「海の帝国」にしようと構想していたのである。世論うけのいい俗論を排した合理主義と経済的な損得を第一に考える功利主義が田口の信条であった。

■黄禍論への対応

田口卯吉は、日露戦争の最中の1904(明治37)年、『黄禍論《おうかろん》を破る　一名日本人種の真相』という本を出版した。黄禍論とは、多くの労働移民を送り出した中国人や近代国家として力をつけてきた日本人などの黄色人種の勢力が、それまで世界を支配してきた欧米列強の白人諸国の脅威になるという議論である。
合理主義者の田口のことだから、さぞや理路整然と反論したのだろうと期待をしてこの本を読むと、驚くべき主張が述べられている。なんと、「日本人は白人だ」というのだ。現在の日本人が混血であるとしても、天皇家の祖先である「天孫《てんそん》人種」は、北方の騎馬民族で白人であった。よって、黄色人種は、野蛮な存在として差別され、不気味な存在として警戒されるが、日本人は白人なので、差別も警戒もいらないと。
どういう根拠で田口はこんなことを主張したのだろうか。
田口のライフワークの一つに、日本語の語源を考察することがあった。日本語と中国語以外のアジア諸言語の類似性を指摘し、

1911	1914	1918
辛亥革命	第一次世界大戦に参戦	シベリア出兵

サンスクリット語が日本語の語源であり、サンスクリット語はアーリア語族だから、白人であるアーリア人種と日本人は同じ人種であるとの議論である。言語学者でなくとも首をかしげたくなる怪しげな理論である。

それどころか、田口の主張はもっと珍妙になる。田口は、日本人も日焼けせずに白人のように着飾れば見劣りがしない。だから日本人は白人なのだと言ってのけるのである。ここまでくると、もはや支離滅裂だとしかいいようがない。

一方、『黄禍論を破る』には次のような主張もたびたび現れる。それは、日本人は白人なのだから、これからも社会改良を続けて西洋文明化していこうというものだ。制度だけではなく、身なりや生活習慣も西洋化していかねばならない。つまり日本人＝白人説というより、日本社会＝西洋社会説といえようか。

明治維新以降、文明国標準に近づけるため、日本社会は必死で西洋文明化をすすめた。これは社会のいたるところにひずみを生じさせることにもなった。日清戦争の勝利などで自信をつけていくなかで、西洋文明化への反動が生まれ、外国の要素を排して日本の伝統を守るべきだとする国粋主義や、日本だけが特別な存在だとする偏狭なナショナリズムが唱えられるようになっていた。日露戦争の勃発は、このような風潮をいっそう強めた。

田口は、日本人は白人だということによって、日本社会に広がりつつあった排外的で反西洋的な雰囲気に反論したのである。まだまだ日本社会は文明国標準に向けて改革をしなければならない。軍事力を誇って大陸侵略をするのではなく、世界に向けて日本を開放しなければならない。戦争熱を冷ますためには、思い切ったことを主張しなければインパクトに欠けるので、相当に怪しげな理屈をもちだして、日本人＝白人説を唱えたのだ。くわえて、「天

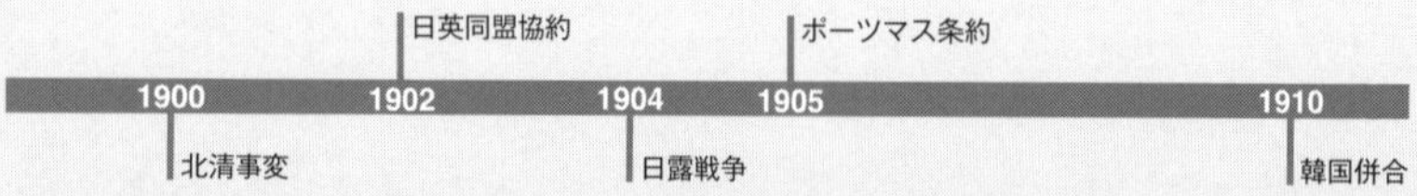

黄禍論を訴えるイラスト
欧州各国を表象する人々に仏像（アジアの表象）を指さして警告を与えている。

孫人種」が白人だと述べた点がポイントだった。国粋主義者は、天皇の存在が日本の独自性だと自尊する。その天皇の祖先が白人であれば、日本社会を白人の西洋文明に近づけることこそ、日本の伝統ということになるではないか。

田口は、『黄禍論を破る』のなかで、反西洋化や偏狭なナショナリズムを攻撃していない。しかし、先に述べたような推論をすれば、ほかの合理的・功利的な田口の主張と日本人＝白人説はつながってくるのである。日本は、西欧国際体制のなかで、打算を働かせて西洋文明に順応していくしかないのだ。西洋文明に反感を抱き、アジアで連帯しようなどと言っても仕方がない。こうした主張が日本人＝白人説の本質だったに違いない。

西洋文明の受容を極端に重視する田口の主張は、現在の私たちには同意できない。ただし、日本批判に過剰に反応することや、「がんばろう日本」と合唱するだけでは問題は解決しないことも事実である。冷静に利害を計算して国際社会に日本を開いていくべきだとする田口の訴えは、今も決して無意味ではない。

■

◎**自由貿易**＝関税（輸入品にかける税金）を低くするなどして、国家が制限をくわえず貿易をおこなうこと。
◉**さらに学びたい人のために▶▶▶**飯倉章『イエロー・ペリルの神話』彩流社、2004年。

1911 辛亥革命	1914 第一次世界大戦に参戦	1918 シベリア出兵

13 幻のハーグの平和
【ハーグ平和会議における日本の大勢順応外交】

■国家政策の手段としての戦争

戦争は悲劇を生むもので、決して起こしてはならない。このことはだれもが認めるだろう。しかし、歴史を振り返れば、戦争をどのようにおこなうかが議論されても、戦争を絶対にしないというような発想は現実的ではないとされてきた。ヨーロッパに関していえば、19世紀あたりまで、戦争は王侯貴族が領土や体面をかけて家臣団を率いて戦うのが一般的だった。それでも、**宗教対立**など、何が正統なのかをめぐる争いになると、被害は甚大になった。そこで、戦争にどちらが正義かという道義論をもちこまず、政策の手段として戦争を考え、あくまで利害関係と割り切って議論しようということになった。現実の国際社会では、正義が勝つわけではないし、何が正義かも立場によって異なる。また、正義や正統性にこだわればかえって対立が深刻化するからである。

しかし、19世紀になり国民国家が確立していくなかで(05参照)、戦争は性質を変えた。国民に一体感をもたせ、権力者の戦争を「われわれの」戦争と思わせ、国民を動員するようになる。また、国民の側も、同じ国民と敵国民との戦いという図式で戦争をとらえだした。くわえて、科学技術の発達により新兵器が開発された。その結果、戦争は大規模化して被害も大きなものとなっていった。国民を動員するためには、納得しやすい大義名分が必要で、そのために戦争が正義や道義心を強調して論じられるようになるのも、この時期からであった。

1899(明治32)年と1907(明治40)年にオランダのハーグで万国

日英同盟協約 / ポーツマス条約
1900 1902 1904 1905 1910
北清事変 / 日露戦争 / 韓国併合

平和会議が開催された。戦争による人的・物的損害を軽減し、収支勘定のあわない戦争を避けるための、多国間による取り決めをつくることを目的としたはじめての本格的国際会議であった。

■ハーグ平和会議の内実

第1回平和会議には、日本と清がアジアから参加し26ヵ国が、第2回には、南米諸国が加わり44ヵ国が参集した。ヨーロッパが国際社会の中心になって以来、「国際」的というのはヨーロッパ諸国の間でのことであった。しかし、2度のハーグ平和会議には非欧米国も国際政治の場に招かれるようになった。

平和会議の主要議題は、戦争の際に守るべき国際的取り決め（戦時国際法）の充実、軍備縮小、戦争を防止する仲裁方法の確立であった。戦争中でも、残虐で非人道的な行為は慎むべきである。また、軍備拡張は対立国を警戒させて軍拡競争を招き、戦争規模を大きくするため好ましくない。なにより、戦争の前に仲直りできる制度があればよい。いずれも正論だ。しかし、条約として明文化するとなると総論賛成各論反対の事態におちいった。

まずは、戦時の取り決めについて。たとえば、平和会議では、体内で弾頭が破裂するダムダム弾は非人道的な兵器として使用禁止が決まった。しかし、技術革新で別の残虐な兵器が生まれても、ダムダム弾禁止の条約は適応されない。実際、毒ガスなどに代表される残虐な兵器が次々とつくられて戦場で使用されていく。

軍備縮小はどうか。各国が一斉に軍備を減らすなか、もし、ある国が密かに軍備を増強すれば、その国だけが軍事的に優位になる。よって、「そっちが先に軍備縮小せよ」「いや、あなたの方がすればこちらも縮小しよう」という水掛け論になってしまうのである。

仲裁による解決は積極的に認めればいいのではないだろうか。

1911	1914	1918
辛亥革命	第一次世界大戦に参戦	シベリア出兵

国際政治で仲裁というのは、裁判所などが国際法に基づいて厳密に判断する（司法判断）わけではない。中立的立場の国が、対立している双方の主張を聞いて、国際関係のバランスを考慮して政治的判断を下すことである。その場合、小国は大国に有利な判断になるだろうとの疑いをもつ。一方、大国は力で小国を意のままにできるはずなのに、仲裁をされればそれができなくなると考える。結果的に、平和会議で締結された「国際紛争処理条約」では、国家の運命を決する問題は扱わず、仲裁に応じるかどうかもそれぞれの国が決めるということになった。重大問題は管轄せず、裁判をはじめるには訴えられた側の同意も必要なのだ。重大問題だから戦争になるのである。国際紛争処理条約の効力は小さかったといってよい。

■日本の対応

第1回ハーグ万国平和会議に招請された日本は、様子見の姿勢に終始した。欧米諸国並みの待遇を受けるのはよいが、まだ日本の立場は弱く、不利な軍縮を押しつけられるかもしれないとの危惧を抱いた。軍縮問題は具体的結論に達しなかったため、日本の懸念はなくなったうえ、欧米諸国を訴えることができる仲裁裁判所ができたことは、日本にとって好都合に思われた。

実際、1902（明治35）年、日本は家屋税をめぐる問題で、イギリス・フランス・ドイツと仲裁裁判を受けることに合意した。家屋税問題とは、日本国内の外国人居留地の土地は非課税の永代貸借であるが、家屋には課税可能とする日本政府に対し、諸外国が納税を拒否した事件である。1905年、判決は日本敗訴となった。これ以降、日本は仲裁裁判制度に懐疑的となった。結局、欧米諸国に有利な論理で裁かれるとの認識をもったからである。

第2回平和会議でも、日本の態度は傍観者的だった。日露戦争

(1904～1905年) がかつてないほどの大規模な戦争となり、厳しく軍縮を求められる可能性があったことも、日本の対応を慎重にさせた。一方、平和会議の精神に正面から反対して、日本はやはり「野蛮国」だと思われることは避けたかった。よって、他国が賛成することは日本も賛成しておき、懸案事項には関わらないという方針で会議にのぞんだ。日本の利益が失われない範囲で世界の大勢に従う「大勢順応《たいせいじゅんのう》」主義は、この時期以降、1910・20年代の日本外交の基本路線となるのである。

ところで、この節を読むと、なぜ有効な国際的取り決めができないのか、なぜ他国のことをどこまでも疑うのかと、国際政治の現実にうんざりする人もいるだろう。国内と国際の社会がもっとも異なるのは、法律や秩序を守らせる政治権力が存在しない点である。国際法を破っても国内のように警察が取り締まるわけではなく、最後には戦争で決着をつけるしかない。では世界政府をつくればいいのではないか。しかし、その場合、どの国の価値観で法や制度をつくるのか、また、世界政府に従わない国はむりやり従わせるのかという問題がでてくる。ハーグ平和会議で明らかになる国際社会の問題は、その後も世界を悩ませ、今日まで根本的解決をみないままなのである。

■

◎**宗教対立**＝16世紀のヨーロッパでは、ローマ教皇を頂点としたカトリック（旧教）と教皇の支配を脱しようとしたプロテスタント（新教）の対立が深刻になった。17世紀には、ドイツ地域を壊滅させた三十年戦争が勃発した。1648年のウエストファリア条約で、宗教の選択は、領土の支配者（主権者）にまかせ、他国が干渉しないことが定められ、現在まで続く主権国家制度の原型が生まれた。

●**さらに勉強をしたい人のために▶▶▶**押村高『国際正義の論理』講談社、2008年。

辛亥革命
1911
1914
第一次世界大戦に参戦
1918
シベリア出兵

14 ポーツマス条約の効用
【大正デモクラシーへ】

■日露戦争

1904（明治37）年2月、日本はロシアと戦争をはじめた。日露戦争である。韓国支配をめぐる対立にくわえ、北清事変以降、ロシア軍が中国東北部（満州）に駐兵して圧力をくわえたため、日露両国間の平和的交渉はいきづまり開戦となった。日本にとっては、国家の命運をかけた戦争で、25万人（当時の人口は約4600万人）もの兵員が動員され、戦費は18億円以上（当時の国家予算の3倍）もかかった。

勝算は微妙だった。日本の思惑は、ロシア軍の主力が極東に集結する前であれば、どうにか互角に持ち込めるというもので、そのためにもロシアが清から租借していた軍港の旅順を攻略して極東のロシア艦隊を封じ込め、韓国に有無を言わさず協力させて一気に満州のロシア軍をたたくしかなかった。

諸国は、日露戦争に注目した。ロシアが勝って中国進出が加速することを警戒するイギリスやアメリカ。イギリスの勢力後退を願うロシア寄りのフランスやドイツ。満州は自国領であるにもかかわらず他国が勢力圏をめぐって争うことになった清。親日派・親露派が対立し日本の圧力に苦しむ韓国。二国間戦争でありながら各国の利害が複雑に交錯する戦争だった。

また、戦争の雰囲気も変わった。セメントで固めて機関銃を備えた要塞、多くの大砲を積んだ戦艦などの新兵器や新技術には、騎士道精神のなごりがある戦い方では通用しなかった。一度の戦闘で多数の兵士が死傷し、華麗な武勇など機関銃の前では無意味

だった。

こうした戦争に勝ち抜くためには、国民意識をもった人民を、戦場だけでなく国内でも動員して国家を挙げて立ち向かうしかない。総力戦の時代のはじまりであり、この後、2度の世界大戦で人類は絶望の淵に陥ることになる。

日本軍は、1905年1月に膨大な犠牲をだして旅順を占領、3月には奉天《ほうてん》会戦でロシア軍を食い止め、5月の日本海海戦でヨーロッパから回航してきたバルチック艦隊を壊滅させた。日本は決して快進撃だったわけではない。どうにか勝ったのであり、もう兵力も弾薬も底をついていた。

ロシアには思いもよらない苦戦だった。「黄色いサル」にすぎない日本人に負けるなど想定外だった。皇帝専制への批判が高まり政情が不安定になったうえ、軍隊は小国日本にすら勝てない。皇帝の威信に関わる重大事になった。

そうした折、アメリカのセオドア・ルーズヴェルト大統領が講和の仲介にたってくれた。日露両国とも、体面にかかわるため負けたとはいえず、仲介は救いだった。アメリカは中国に進出する機会をねらっており、日露両国が疲弊している今こそ介入の好機と判断した。その結果、アメリカ東海岸ニューハンプシャー州ポーツマスで日露講和交渉がはじまった。

■ポーツマス条約と日比谷焼打ち事件

ポーツマス会議は、日本全権の小村寿太郎《こむらじゅたろう》とロシア全権のセルゲイ・ウィッテ間で厳しい交渉がおこなわれた。ロシアは賠償金の支払いを拒絶し、日本の韓国支配承認、南樺太《からふと》の譲渡、旅順・大連の租借権と長春《ちょうしゅん》・旅順間の鉄道の譲渡で両国は妥結し休戦となった(1905年9月1日)。日本は、懸案の韓国問題を解決し、地政学的要地の旅順・大連を手に入れ、満州南部を事実上の勢力圏にした。日本が完全に勝ったとはいえない情勢では、満足すべき成果だった。

小村が日本を発つ時、伊藤博文は「君の帰朝の時には他人はどうであろうとも、我輩だけは必ず出迎えに行く」と述べた。交渉が難航すること、日本の圧倒的勝利と信じこんでいる国民が期待するような講和条約にならないこと、その結果、全権の小村が批判の矢面にたたされることを理解している伊藤の配慮からくる発言だった。

予想通り、条約の内容を知った世論は沸騰した。民衆は、戦費をまかなうための増税に苦しみ、家族や知人を戦場でなくしたことを悲しんだが、戦争に勝てば広大な領土と莫大な賠償金を得ることができて、これまでの苦労が報われるはずだと信じていた。ところが、講和条約の内容は、わずかの領土を得ただけで、賠償金はなしだという。民衆の怒りが爆発した。

講和条約反対の声が各地であがった。9月5日、講和条約調印の日、反対運動は頂点に達し、日比谷公園に集まった民衆は暴徒となり、大臣官邸や政府系新聞社、交番を襲撃・放火した（日比谷焼打事件）。首都東京は無政府状態になり、政府は戒厳令を布告し、軍隊によって鎮圧する事態となった。

日露戦争の影響

日比谷焼打事件に参集したのはどういう人たちだったのか。その多くは、工業化がすすむにつれて、都市に集まった労働者だった。みんなが顔なじみの農村とは違い、都市では見知らぬ者同士が暮らしている。また、彼らに**選挙権**は与えられていなかったが、負担は減らされなかった。不満をどこかにぶつけたい、みんなで破壊行為をすれば誰のしわざか判明しない、こうした群集心理が、民衆を暴徒にしたのである。

たしかに、彼らは国際情勢に無知だった。みさかいなく粗暴な行いをした。しかし、暴発の背景には国民の権利を求める論理が隠れていたことを見逃してはならない。日本国民として義務を負わせ、時には「戦場で死ね」という以上、権利も認めなければならないのである。日比谷焼打事件は、この後に本格化する民主化要求の社会的隆盛である大正デモクラシーの幕開けであった。ポーツマス条約は、民主主義運動に火をつけるという意外な「効用」があった。

一方、ギリギリだったとはいえ、日本は大国ロシアに勝利したのである。世界の日本を見る目が変わったのはもちろん、日本人自身も自国が「一等国」になったという自負をもつようになる。こうした過程で、日露戦争は「神話」化されていく。己を捨てて軍人としての立場を貫いた乃木《のぎ》希典《まれすけ》大将、ロシア艦隊を壊滅する見事な戦術を駆使した東郷平八郎大将など、現在も日本国民の「輝かしい」記憶となっている。しかし、乃木や東郷の実像は、伝説化されている内容と必ずしも一致しない。日露戦争の神話は、日本軍から反省をなくし、国民を無節操な優越感にひたらせる一因になっていくのである。

敗戦が社会に与える打撃は深刻だ。けれども、戦勝の処理も難しい。国民の権利要求の声にどう答えるべきか、発言力を増す軍部をどう統制すべきか、内実がともなわない一等国としてどう外交を展開すべきか。日露戦後、日本は大きな転機を迎えることになる。

■

◎**選挙権**＝当時は制限選挙で、直接国税10円以上を払う満25歳以上の男子に選挙権があった。日露戦争による増税によって納税額が増えたため、有権者は増加した。

●**さらに学びたい人のために▶▶▶**山室信一『日露戦争の世紀』岩波書店、2005年。

1911 辛亥革命
1914 第一次世界大戦に参戦
1918 シベリア出兵

15 個人誕生

【明治時代の「新人類」】

■明治第2世代

みんなで心を合わせてまじめに仕事をして勤勉に働いて倹約して家計を安定させる、つまりそれは信義を重んじるということで、人情深くチャラチャラせず質実にしてすさんだ心や怠け心をお互いに戒めて、努力を忘れないこと。

これは、1908（明治41）年に天皇の言葉として発布された戊申《ぼしん》詔書《しょうしょ》の一節を現代語に直したものだ。今もどこかの学校で校長先生がこんなことを言っていそうである。日露戦争を何とか勝ち抜いた日本社会には、「一等国」になったという驕《おご》りとともに、弛緩した雰囲気があふれるようになった。

当時の若者たちは、必死で国づくりをした維新の第1世代の子どもたちだ。第一から第八までの高等学校が主要都市に設置され、東京のほか京都や仙台にも**帝国大学**ができた。裕福な家庭の子弟は都会にでて学校に通い、危機感もなく遊び暮らしている。卒業後も、親の資産をあてにして高等遊民としてぶらぶらしている者もいる。あろうことか、「天皇制の否定」「富の平等な分配」などを主張する社会主義を信奉する者も多い。家で黙って生きていればいいとされていた女子までも女学生になって、賢《さか》しらなことを言ったりする。明治のオジサンたちは憤慨した。いつの時代にもあることだが、「近頃の若いモンはけしからん！」となり、政府は国民に訓戒をたれる詔書を出したというわけである。これもいつの時代でもそうだが、こんな詔書を屁とも思わず、若者たちは新しい時代を謳歌《おうか》した。

▒君死にたまふことなかれ

福沢諭吉は「一身独立して一国独立す」と述べた。明治の第1世代にとって、自分の努力は国家の発展のためという発想はふつうのことであったし、国を背負っているという意識があったからこそ、寝食を忘れて努力した。

ところが、第2世代にはそう考えない者も増えた。自分の充実・幸福が大事であって、国家は関係ないという発想、つまり個人主義になった。「個人」があるというのは、当たり前ではなかった。人は「家」や「藩」もしくは「国」の一員で、それを離れた個としての存在は認知されないというのがそれまでの常識だった。しかし、西洋文明を学ぶなかで、個人を基礎にした世の中のありかたというものがあることを知り、第2世代はそれを実践したのである。

与謝野晶子《よさのあきこ》の「君死にたまふことなかれ」(1904年)は反戦歌として有名だが、「旅順の城はほろぶとも、ほろびずとても、何事ぞ」という一節にもあるように、国家の決めた戦争は個人には関係なく、大事な跡継ぎで新婚の弟が無事に帰ってきてくれればそれでいいという個人主義の歌であった。まだ20代の、それも女性が、そのうえ与謝野鉄幹《てっかん》と不倫をして結ばれたような者が、日露戦争の最中に「戦争なんて関係ないわ」と詠んだのである。もちろん反論があった。大町桂月《おおまちけいげつ》という評論家は「国賊」と批判したが、晶子は「思った通りをすなおに詠んだだけです」と堂々と反論した。ちなみに、晶子は反戦だったわけではない。

その後も晶子は奔放に生きた。1912年には、子どもをおいてフランスの鉄幹のもとに行っている。そのとき詠まれた次の歌は、家のためでも国のためでもなく、自分の愛情のために生きる新しい女性の絶唱だった。

1911 辛亥革命
1914 第一次世界大戦に参戦
1918 シベリア出兵

ああ皐月《さつき》仏蘭西《ふらんす》の野は火の色す君も雛罌粟《こくりこ》われも雛罌粟（「夏より秋へ」所収）

ただし、新思想にのめり込めたのは、ごく少数の豊かな人々であったことも忘れてはならない。大多数の民衆は、その日暮らしの厳しい毎日を送っていた。工業化の進展により、日本は競争がすべての資本主義社会になっており、貧富の差は拡大していった。個人の能力や努力では不平等は解消されない。社会は一つの共同体として生産・富の分配をすべきである。そのためには地主などの特権層と、それに支えられた政府を倒さなければならない。こうした社会主義思想も新思想として流行した。

政府は、社会主義を日本国家のありかた（国体）と社会秩序を破壊する危険思想として極度に警戒した。1900（明治33）年には治安警察法を公布して、労働運動・社会主義結社を禁止した。1910（明治43）年の大逆《たいぎゃく》事件では、天皇暗殺を企てたとして社会主義者を検挙し、無実だった幸徳秋水《こうとくしゅうすい》ら12名が死刑になった。

■上滑りの日本

文豪夏目漱石には小説のほかにもすぐれた講演録が遺されている。漱石は第1世代に近いが、その思想は「公」からいかに個人を引き離すかという点にあった。1911年、漱石に博士号が授与されることになった。当時の博士号は、文部省が認定して与える非常に名誉な称号とされていた。しかし、漱石は「小生は今日までただの夏目なにがしとして世を渡って参りましたし、これから先もやはりただの夏目なにがしで暮らしたい希望を持っております」（文部省専門学務局長への書簡）と、にべもなく断っている。国家から称号をもらうための学問であってはならないとする考えからであった。

博士問題でもめた同じ年の8月、漱石は「現代日本の開化」と

1900 北清事変
1902 日英同盟協約
1904 日露戦争
1905 ポーツマス条約
1910 韓国併合

題して和歌山で講演をおこなった。近代日本の本質を見抜いたすぐれた文明論である。

現代日本の開化は皮相上滑りの開化であるという事に帰着するのである。……我々の開化の一部分、あるいは大部分はいくら己惚《うぬぼ》れて見ても上滑りと評するより致し方ない。しかしそれが悪いからお止しなさいというのではない。事実やむをえない、涙を呑んで上滑りに滑って行かなければならないというのです。……

戦争以後一等国になったんだという高慢な声は随所に聞くようである。気楽な見方をすれば出来るものだと思います。

漱石は、内実を伴わない西洋文明の表層的うけうりの個人主義を「みんなで」唱えるような社会のありようを「上滑り」と評しているのであろう。冒頭で紹介した戊申詔書は、国家のために尽くせという意味で国民の気楽さを戒めたが、漱石は、新しい時代が理解できたとうぬぼれるなという意味で国民の気楽さを戒めているといってよい。

個人を発見し、新思想を知った明治の「新人類」が、40年ほど後、職場や学校で忠君愛国を唱え、婦人会で「我が子がお国のために死ぬのは名誉なこと」だと訓戒をたれるオジサン・オバサンになることを、現在のわれわれは（読者には中高年も若者もおられようが）、今一度振り返り考えなければなるまい。

■

◎**帝国大学**＝1897（明治30）年に京都帝国大学ができるまでは、東京大学が唯一の大学で、1886年の帝国大学令で帝国大学と改称された。京都帝大設立後は、区別するため東京帝大と称されるようになった。帝国大学は、設立順に、東京・京都・東北・九州・北海道・京城《けいじょう》（韓国）・台北（台湾）・大阪・名古屋の9校。

◉**さらに学びたい人のために▶▶▶**竹内洋『学歴貴族の栄光と挫折』講談社、2011年。

辛亥革命
1911
1914
第一次世界大戦に参戦
1918
シベリア出兵

16 大正の天佑
【第一次世界大戦と日本】

■第一次世界大戦

国際政治では、圧倒的な国力をもった**覇権国**があることは必ずしも悪いことではない。力による支配であっても、誰も逆らえないのであれば、とりあえず平和は保たれるからだ。19世紀の国際政治を語る際に使われる「パックス・ブリタニカ」(イギリスの平和)とはそういう意味である。ところが、20世紀に入ると、イギリスの衰退が明らかになってきた。1902(明治35)年に政策転換をして日本と同盟を結んだのもその現れである。

イギリスのライバル国ドイツは、オーストリア＝ハンガリー帝国・イタリアと同盟し(三国同盟)、中東やアフリカに勢力拡張をねらった。イギリスはフランス・ロシアと同盟して(三国協商)対抗した。こうしたきな臭い情勢のなか、バルカン半島は、多様な民族が親独・親露・親トルコの勢力に分かれて対立する「ヨーロッパの火薬庫」になっていた。

1914年6月28日、オーストリアの属領ボスニアの都市サラエボを訪問中のオーストリア皇太子フランツ＝フェルディナントが、セルビアの青年に暗殺された。オーストリアはセルビアに宣戦布告した。セルビアはスラヴ(ロシア)系住民が多い国家で、ロシアはセルビア支援にまわり、オーストリアの同盟国ドイツはロシアとフランスに宣戦、ドイツ軍のベルギー侵攻をうけてイギリスはドイツに宣戦した。サラエボ事件から1ヵ月ほどで、ヨーロッパの主要国が戦争状態になった。第一次世界大戦の勃発である。

日本は微妙な立場だった。直接の利害関係がない戦争である。

1900 北清事変
1902 日英同盟協約
1904 日露戦争
1905 ポーツマス条約
1910 韓国併合

そうであるならば、勝つ方につかなければ損だ。同盟国側（ドイツ）につくべきだという意見も強かった。しかし、ときの大隈重信内閣は加藤高明《たかあき》外相のもと、連合国側としての参戦を**元老**に関与させず決定した。大隈が元老と同格の大物政治家だったこともあるが、大正デモクラシーの時期にあって、元老の政治介入への反発があったことが、内閣主導の参戦決定を可能にしたのである。

ところで、大戦勃発を聞いた元老の井上馨は「大正新時代の天《てん》佑《ゆう》（天の助け）」と喜んだ。いったい何が天の助けだったのだろうか。

▩火事場泥棒

欧米諸国に追いつくことを目標にする近代の日本にとって、貿易赤字は宿命であった。原料はもちろん、機械類も輸入しなければならなかったからである。閣議で、貿易決済の心配をしなければならないのが日常だった。

ところが、ヨーロッパ中が戦争に巻き込まれる事態となった。工業生産は落ち込むに決まっており、今こそ、日本が代わりに生産して儲ける好機だ。実際、日本には大戦景気がおとずれ、借金国から債権国（金を貸す国）になれただけでなく、それまで苦手としていた化学工業などが発展した。まさに「天佑」だった。

東アジアでの勢力拡大にも好機だった。ヨーロッパ列国は東アジアにかまっている場合ではなかったからだ。日英同盟を理由に参戦した日本は、ドイツの植民地である山東半島の青島《ちんたお》や南太平洋のミクロネシア諸島（南洋群島）に進撃、占領した。また、1915（大正4）年には、**中国**に対し21カ条の要求をつきつけた。要求は次のようなものだ。1. ドイツの山東半島の権益を日本に譲渡すること、2. 旅順・大連の租借期限を99カ年に延長すること、3. 漢冶萍公司《かんやひょうこんす》（中国の製鉄会社）を日中合弁とすること、4. 外国に領土をわたさないこと、5. 中国政府の顧問に日本人を雇うこと、

1911 辛亥革命
1914 第一次世界大戦に参戦
1918 シベリア出兵

であった。

中国は激しく反発したが、日本の強硬姿勢の前に要求を受け入れた。ただし、アメリカの反対もあり、日本人顧問雇用の要求は取り消した。こうしたヨーロッパ諸国を出し抜くやりかたは、日本への警戒心を高め、日中関係は最悪のものとなった。

大隈内閣がいきづまり、1916年に寺内正毅《まさたけ》内閣が成立すると、日中親善が外交目標に掲げられた。具体的には、中国に金を貸して政治や産業に役立ててもらう（借款《しゃっかん》）というものだ。しかし、政情が混乱していた中国に金を貸すというのは、結局、中国の有力者に賄賂を渡して親日的にするのと同じだった。方法が違うだけで、寺内内閣の親善政策も露骨な日本の勢力拡大政策にほかならかった。

■シベリア出兵

第一次世界大戦に連合国側で参戦していたロシアでは、大きな政治変動がおきていた。専制政治を続ける皇帝への不満が頂点に達し、ついに革命が勃発したのだ。1917年3月、ロシア皇帝は退位させられて臨時政府が発足、11月には臨時政府を社会主義者のレーニンが倒して人類史上初めての社会主義国が誕生することになった（1922～ソビエト社会主義共和国連邦）。レーニンは大戦を帝国主義戦争と批判し、ロシア単独でドイツと講和して戦線から離脱した。

またもや日本に好機がおとずれた。社会主義（⓯参照）には、アメリカやイギリスも反対し、反革命勢力は各地に拠点を築いている。ここに日本軍が出兵すれば、シベリアに勢力圏を広げることができるかもしれない。

寺内内閣は、ウラジオストークに孤立しているチェコ軍の救出を名目にシベリア出兵を断行した。しかし、反革命勢力は内紛も

日英同盟協約　ポーツマス条約
1900　1902　1904　1905　1910
北清事変　日露戦争　韓国併合

あって安定せず、共同出兵していたアメリカも、日本の野心を警戒しており、日本のもくろみは失敗した。1918年にはドイツで革命が起きて皇帝が退位し、第一次世界大戦は終結、シベリア出兵は意義を失った。それでも日本軍は国際的批判のなか、多大の戦費・人的被害を出しつつ、1922年までシベリアに駐兵した。

第一次世界大戦はたしかに日本にとって「天佑」だった。大戦景気や中国での権益拡大をもたらした。ところが、日本の野望の前に、立ちはだかる国が現れた。アメリカ合衆国だ。1917年に連合国側で参戦したアメリカは戦勝に貢献し、イギリスにかわって国際政治の主役になりつつあった。アメリカは、中国の**門戸開《もんこかい》放《ほう》**・領土保全を大原則とし、日本の対中政策に反対の姿勢をとった。イギリスではなく、アメリカとの調整が日本外交の最重要課題になった。また、国内では、民主化を求める声が高まり、薩長藩閥が政府を独占することが困難な状況となった。デモクラシーの精神が内政と外交を変貌させる時代がやってきたのである。

■

◎**覇権国**＝国際政治のなかで、世界各国を圧倒する力（ヘゲモニー）のある国家のこと。軍事力を用いずに、その影響力で自国に有利なかたちで国際政治の動向を左右できるほどの力をもつ。一般に、19世紀はイギリスが覇権国、20世紀半ば以降はアメリカが覇権国とされる。現在は、中国の台頭などもあり、アメリカの覇権が崩れたと考えられる。

◎**元老**＝明治維新の功労者で、天皇より「輔翼《ほよく》」（補佐）を命じられた。憲法上の規程はないが、首相の選定や重要政務の最終承認などをおこなった。一般に、伊藤博文、黒田清隆、山県有朋、松方正義、井上馨、西郷従道《つぐみち》、大山巌《いわお》、桂太郎、西園寺公望《さいおんじきんもち》が元老とされる。

◎**中国**＝中国では、1911年に辛亥《しんがい》革命が起き、1912年に清が倒れて共和政の中華民国が成立した。袁世凱《えんせいがい》が大総統になったが、帝政をもくろみ失敗し、中国は軍閥が割拠する混乱状況になった。

◎**門戸開放**＝中国を開放し、すべての国が平等に経済活動をできるようにすべきだという考え方。1899（明治32）年、ヘイ国務長官の門戸開放宣言により、アメリカの対中政策の原則として公にされた。

◉**さらに学びたい人のために▶▶▶**小林啓治『総力戦とデモクラシー』吉川弘文館、2008年。

1911 辛亥革命
1914 第一次世界大戦に参戦
1918 シベリア出兵

17 排斥される日本人移民
【彼らは棄民だったのか】

■雄飛する人々

現在の日本は、相対的には世界でもっとも豊かな国の一つである。また、高齢化と少子化がもっとも進んでいる国でもある。これからの日本にとって、より一層の移民受け入れは避けられないことであり、社会全体で対応を考えていく必要がある。

それとは逆に、戦前の日本は移民の送出国だった。資源の少ない狭い領土に過剰な人口が住んでいるというのが、一貫した日本の自己認識だった。出稼ぎ移民も含めると、延べ人数で数百万人もの日本人が海外に出向いた。ハワイ・アメリカ・ブラジルのほか、日本の勢力圏・租借地だった満州・関東州がおもな移民先だった。

最初に世界に活躍の場を見出したのは芸人や娼婦だったが、1885（明治18）年には、日本と**ハワイ政府**の間で農業労働者の送出が決められて（官約移民）、労働移民が本格化した。貧困からの脱出という面が強かったが、渡航には金がかかるため、まったくの無一文で移民はできなかった。また、悪質な業者にだまされることや、移民先で働き口が確保されていないようなこともあった。こうした苦労はあったものの、日本人は低賃金でよく働き、器用だったため、労働力として重宝された。農業のほか、漁業・缶詰製造・散髪屋・写真屋とさまざまな仕事をこなした。オーストラリア近海で真珠をとるダイバーも日本人の腕前がピカイチだった。

しかし、日本人移民の雇用は、現地の労働者の職が奪われることも意味する。また、白人の住む国ではもともと黄色人種に対す

1900 北清事変
1902 日英同盟協約
1904 日露戦争
1905 ポーツマス条約
1910 韓国併合

る差別意識があったうえ、大国になっていく日本への警戒感も強まった。こうしたなか、日本人移民排斥の動きが起きた。日本にとって、雇用問題として批判されるのはまだ我慢ができた。しかし、人種差別的な理由から排斥されることは、日本の威信にかかわる問題だった。また、ほかの黄色人種、とりわけ中国人と同一視されることが、「脱亜」して文明国になったと思っている日本には屈辱的なことだった。

1901（明治34）年には、結成されたばかりのオーストラリア連邦で移民制限法が成立した。担当役人が指定するヨーロッパ言語の書き取りができなければ入国を拒否するという法律だ。書き取りテストを英語以外の日本人になじみのない言語にすればよいのである。白豪《はくごう》主義（18参照）を国是《こくぜ》とするオーストラリアにとって、有色人種は排除する方針であったが、日本人移民の数はそれほど多くなかった。それでもオーストラリアが過剰に反応したのは、「日本人が劣っているからではなく、すぐれているから」（当時のディーキン司法長官の発言）であった。野蛮と蔑《さげす》まれるのがいやで文明化の要求にこたえた結果、日本人は脅威であると差別されるという皮肉ななりゆきだった。

日米戦争の起源？

アメリカ合衆国は、移民受け入れに寛大な国柄のはずで、外交面でも、条約改正交渉のおりにはヨーロッパ諸国にくらべて日本に好意的だった。国運をかけた日露戦争でも、セオドア・ルーズヴェルト大統領をはじめ、大国に立ち向かう健気な日本を応援してくれた。

ところが、1906（明治39）年、カリフォルニア州を中心に、日本人学童を東洋人学校へ隔離する運動がおきた。施設不足だというのは見え透いた口実だ。なぜ日本人移民を差別するのか。日米

1911 辛亥革命
1914 第一次世界大戦に参戦
1918 シベリア出兵

関係に陰りが見えはじめることになった。

北アメリカの太平洋岸は、日本から直接またはハワイ経由で移動しやすく、日本人移民の多い土地だった。それだけに日本人移民への反発が強かった。世論は感情的だった。日本人はアメリカ社会になじもうとせず、結婚相手の写真だけを見て決める「野蛮な」風習もある。また、白人労働者から職を奪い、働いて金が貯まると土地を買い占めている。そんな日本人の子どもと一緒に勉強させるわけにはいかない。

結局、1908年に日本政府はアメリカへの移民を制限することを約束した。条約で明文化することは日本の威信にかかわるため、あくまで自主的な「紳士協約」とした。しかし、カリフォルニアでの排日運動はおさまらなかった。1924（大正13）年には、一時帰国していた者を除いて日本からの移民を全面的に禁止する排日移民法が上下両院で圧倒的多数で可決成立するにいたる。自主規制をしていたにもかかわらず、その後も土地取得を禁じるなど、日本人をねらい撃ちにした対応がとられ、そのたびに日本政府は抗議しつつも自重してきた。それでもあきたらず連邦法として日本人移民を完全に禁止するアメリカの対応に、日本の世論は激昂した。「日米戦争」を論じる書物が多く出版されたのもこの時期である。それでも、国際協調を重視する幣原喜重郎《しではらきじゅうろう》外相は（23参照）、大局的観点から排日移民法成立を冷静に受けとめた。賢明な外交ではあるものの、大衆の怒りを無視した対応でもあった。

■エリートの目

日本で日常を送っていれば、とりたてて「日本人」であることを意識しないものだ。しかし、海外で日本人に会うと、むやみに親しみを感じてしまう。移民も同じだった。つらい仕事にたえながら、日本の家族に送金し、日本が戦争をするとなれば、なけな

しの金をはたいて日本国債を買った。「日本人」であることが心の支えだった。外交当局としては、移民の実態を知り、排斥に対応しなければならない。

1908年、埴原正直《はにわらまさなお》という若い駐米外交官が、日本人移民を視察した。埴原は、粗末で小さな家に住む日本人移民を醜く不健全な「下等人種」とし、「恥を国外に曝《さら》」しているとまでいう。貴重な外貨であった移民の送金についても、「恥を外国にうってまで国家の収入を増やす必要はない」と冷たく突き放した。外交官として同胞を保護するどころか、「下級移民の渡米禁止は断固としてこれを継続」せよと、誰の味方かわからないような報告書であった。この時期には移民先の拡大をねらって、外交官たちは各地を視察したが、日本人移民に厳しい評価をするものがほとんどだった。洗練された西洋文明を吸収できる立場にあるエリートの目に「下級移民」は野蛮人のように映ったのである。人種差別に苦しむ移民たちは、自国外交官からも見捨てられがちな存在だった。

埴原は、その後外務次官、駐米大使と順調に昇進するが、たびたび移民をめぐる外交問題に悩まされた。排日移民法を阻止すべく活動中、埴原駐米大使はヒューズ国務長官にあてた書簡中に「重大なる結果」という文言を用いた。これが脅迫的だとアメリカ議会で問題視され、排日移民法の正当化に利用された。埴原は大使失格の烙印を押されて帰国を余儀なくされた。

■

◎**ハワイ政府**＝1881年、ハワイのカラカウア王が来日して明治天皇と会見し、移民送出が決まった。ハワイは、1898年にアメリカに併合された。

◉**さらに学びたい人のために▶▶▶**岡部牧夫『海を渡った日本人』山川出版社、2002年。

1911	辛亥革命
1914	第一次世界大戦に参戦
1918	シベリア出兵

18 南洋「土人」へのまなざし
【日本の植民地統治】

■南洋群島占領

今もマリンスポーツや新婚旅行などの日本人観光客でにぎわう南太平洋の島々。ここはかつて日本の統治領域に属していた。

第一次世界大戦に参戦した日本は、敵国となったドイツの植民地だった南洋群島を占領した。野心がなかったといえばウソになるが、日本軍としては当然の行為のつもりだった。ところが、日本軍の南方進出にパニックになった地域があった。イギリスの自治植民地オーストラリアである。かねてより**白豪《はくごう》主義**が維持できなくなるとして日本人移民に懸念を抱いていたため、日本軍の南太平洋進出が侵略の契機になると考えたのだ。同盟国であっても日本を断じて信用しないオーストラリアは、赤道以南への日本進出に強硬に反対し、日本もイギリスとの関係を重視してオーストラリアの要求を受け入れた。その結果、1919（大正8）年のパリ講和会議で、赤道以北の632島におよぶマリアナ（グアム島はアメリカ領）・カロリン・マーシャル諸島が日本の委任統治領となった。

委任統治とは、植民地であって植民地でないという制度だ。文明化させて独立が可能になるまで国際連盟（19参照）への報告を義務づけながらも委託された国が支配する制度である。委任統治は、植民地と変わりはないが、植民地支配への批判をうけて考え出された。

日本は張り切った。最初こそ乱暴な軍政をしいたが、文明化の使命を負ったのであるから、それをやり遂げることができれば日本が立派な文明国である証《あかし》になる。「過剰統治」と国際連盟の視

1900 北清事変
1902 日英同盟協約
1904 日露戦争
1905 ポーツマス条約
1910 韓国併合

察者から指摘されるほど現地島民の教化に力を注いだ。

ドイツ統治時代は、キリスト教が布教されていた。日本の神々や天皇は、キリスト教の神様と同じようにエライのだ。こうしたことを島民に説いた。子どもたちを学校に通わせ、日本式の礼儀作法・日本語・唱歌を教えた。島民には迷惑だったが、ドイツより立派に統治することが、文明国の役割だと考えられたのである。

「土人」へのまなざし

当時、日本からみた南方各地を南洋といった。南洋に限らず、文明的生活をしていないとみなされる人々を「土人」と呼ぶことも一般的だった。もともと「土人」とは「その土地の人」という意味で、とりわけ差別的な意味はなかった。ところが、しだいにこの言葉には差別と侮蔑の意味が込められるようになる。北海道に住むアイヌの人々を「土人」と呼んで差別したのが、そのはじまりといわれる。

日露戦争後、勢力圏となった南満州の開発は思うように進まなかった。それに代わって注目されたのが南洋である。この場合、主として東南アジア地域が対象であったが、この地域の人々のことも「土人」と呼んだ。当時の東南アジアは欧米諸国の植民地であったが、支配者の白人のことを決して「土人」とはいわない。「土人」は、文明と野蛮の構図のなかで野蛮の側に位置づけられた人々であった。怠惰で規律がないという典型的イメージが、興味本位の記事などでくりかえし紹介されて定着していった。

南洋群島を支配することになった日本は、現住島民のことも、当然のように「土人」とした。委任統治制度は「土人」を文明化することが義務だ。非白人の委任統治受任国は日本だけである。失敗すれば「やはり日本には無理だった」といわれてしまう。必ず「土人」たちの「皇民化」に成功しなければならない。「皇民化」

年	出来事
1911	辛亥革命
1914	第一次世界大戦に参戦
1918	シベリア出兵

とは、天皇支配の論理のなかに取り組むという意味だが、南洋群島の場合は「文明化」を意味していたと考えてよい。1921（大正10）年に視察に訪れた末次信正《すえつぐのぶまさ》海軍大佐は、次のように報告書にしるした。

> **島民は裸体跣足《らたいせんぞく》（裸ではだし）、踊り笑ひ食ひ眠って以て天意に適《かな》へる生活を全うしつつあり。寧《むし》ろ化せざるを以て化し治めざるを以て治むるを改造となさん。……帝国が苟《いやしく》も南洋群島の委任統治を引き受けたる以上何等《なんら》か世界の文明に貢献するところあるを要す。**

「土人」を日本人に改造するのではなく、文明的生活を送れるようにすることが日本の役割だというのだ。

末次の主張から明らかになるのは、日本自体が西洋文明化を目標にしながら、日本より遅れていると考える相手には文明の恩恵をほどこす側にまわっていたということだ。西洋人に対しては、文明を学ぶ従順な生徒の顔をして、日本人以外の非白人に対しては、尊大な教師面をする。近代日本の、もしかすると現在の日本ももっているかもしれない、二つの顔である。

■日本の植民地支配

南洋群島を委任統治領にした時点で、国際的に認められた日本の領域は最大となった。植民地は台湾（1895年〜）・南樺太（1905年〜）・朝鮮（1910年〜）、租借地は関東州（旅順・大連）（1905年〜）、委任統治領は南洋群島（1920年〜）である。これらの領域に住む現地の人々は、日本人と同様に白人ではない。またほかの植民地帝国とはことなり、白人ではない日本人が支配者であった。

日本の統治は、日本語や日本文化を強制して服従させることを原則としたが、現地住民が日本人になることは認めなかった。植民地の人々は日本領なのであるから日本国籍は与えたが、日本本土の住民（内地人）とは厳格に区別された。租借地と委任統治領

に関しては国籍も与えなかった。日本本土に住んでも植民地の人々は「外地人」であり、法律上だけではなく、日常生活でも差別の対象になった。

明治維新以降、日本は、非白人で唯一文明化に成功した国家だという意識があった。白人には劣るかもしれないが、ほかの非白人よりはすぐれた民族である。だからこそ、白人と同じようにほかの民族を統治してもかまわないのだ。こうした発想で日本は植民地支配を正当化した。よって、日本の支配領域の人々は、日本人が支配しやすいように「日本人化」はしても、同等の「日本人」になってもらっては困るのだった。

白人が頂点にいて、それ以外は劣った存在だから支配をしてもかまわないという理屈は、欧米諸国が生み出したものだ。日本は必死に西洋文明を学んだが、白人からみれば猿まねであり、どこまでいっても同等に扱われないことに苦しみ続ける。白人と非白人の壁はなくせないとしても、日本人だけはほかの非白人とは違うと思いたい。そこで、自分より下位のものを見出して優越感に浸ることで劣等感をまぎらわした。こうした場合、自分より下とみなしたものに一層の差別や強圧をくわえてしまう。

近代日本の植民地支配は、文明と野蛮の構図に翻弄されたことから生じた悲劇であった。

■

◎**白豪主義**＝1901年のオーストラリア連邦結成以来、国是とされた方針。オーストラリアは白人だけのものであり、非白人の入国・定住は認めないというもの。原住民のアボリジナルの人々は厳しく弾圧された。オーストラリアは、1960年代あたりから白豪主義政策の撤廃に向かい、多文化主義政策に転じた。

●**さらに学びたい人のために▶▶▶**大江志乃夫『日本植民地探訪』新潮社、1998年。

1911	1914	1918
辛亥革命	第一次世界大戦に参戦	シベリア出兵

第３部 国際協調はなぜ失敗したか

ワシントン会議

一等国になった日本は、国際協調外交を基本として、
いっそうの発展をめざした。
文明国標準の帝国としては、国内の民主化も
すすめなければならない。
ところが、民主化には落とし穴があった。
「愚民」に外交が理解できるのか？

19 新しい外交方針

【イラク戦争の起源】

■パリ講和会議

1919（大正8）年、パリで第一次世界大戦の講和会議が開かれた。1914（大正3）年にはじまった第一次世界大戦は、軍人だけでも800万人以上の犠牲者をだし、世界の中心だったヨーロッパ諸国を疲弊させた。こうしたなか、重みを増したのがアメリカである。

アメリカは、1917年に連合国側（イギリス・フランスなど）で参戦したが、大統領ウッドロー・ウィルソンは、14か条の平和原則をかかげ、帝国主義列強の勢力争いの片棒をかつぐわけではなく、民主主義と世界平和のために戦うことを強調した。よって、非民主的な秘密外交はおこなわず、敗戦国から賠償金や領土を奪うこともせず、戦後には戦争防止と軍縮のための国際機関を設立し、別の民族に運命を決められることのない民族自決を実現することを戦争目的とした。理想に燃えるウィルソンは、その「新外交」方針を現実のものとするため、意気揚々とパリにやってきた。

パリ講和会議には、各国とも政府最高首脳が参加した。開催国フランスはクレマンソー首相、イギリスはロイド・ジョージ首相といった顔ぶれだ。パリまで首相が出向けない日本は、元首相西《さい》園寺《おんじ》公望《きんもち》を首席全権とし、実務は元外相牧野伸顕《のぶあき》（大久保利通の子）全権が取りしきった。日本を含む主要国は、アメリカが戦後処理に決定的役割を果たす力があることを認識していたが、「新外交」にはとまどった。

戦争は国益のためにするもので、民主主義などといった理念のためではない。**総力戦**の時代にあって、莫大な戦費と人的損害を

ワシントン会議
1921
1923
関東大震災

だしたのだから、敗戦国を罰して賠償金や領土をとらなければ勘定が合わない。国際機関をつくって公開の場で外交をすれば、国際政治は「愚民」の意見に左右されて収拾がつかなくなるではないか。こうした意見が、「旧外交」の常識だった。

権謀術数《けんぼうじゅっすう》うずまくヨーロッパ政界の大物たちはしたたかだった。ウィルソンの理想に賛意を示しながらも、どんどん骨抜きにしていった。ドイツには莫大な賠償金を課し、領土も割譲させることにした。敗戦国の植民地は、委任統治（18参照）という名前にして、戦勝国の管理下においた。

■サイレント・パートナー

日本は連合国側として参戦し、戦勝国の一員となった。しかし、ヨーロッパ諸国の利害関係は日本に直接関わりないことであった。原敬《はらたかし》首相は、対米協調を重視していたが、ウィルソンの理想に共鳴していたわけではない。アメリカが国際政治の主役になったことをいち早く認識し、アメリカとの利害関係を調整することが、日本の国益にかなうという現実主義的発想だった。よって、ウィルソンのご機嫌を損ねるようなことはせず、「新外交」に逆らわず大勢に順応しておけばよい。黙ってなりゆきを見守り、日本の利益だけ確保しようというのが、日本の基本方針となった。

こうした日本の姿勢は、「サイレント・パートナー」と軽侮された。ところが、日本がめずらしく沈黙をやぶって大胆な提案をおこなった。あらたに設立される国際連盟の規約に「人種差別撤廃」条項を盛り込めというものだ。日本は明治維新以来、必死に近代化をすすめ、ついに世界の五大国の地位を得た。それでも依然として、非白人である日本人は格下の扱いを受けていた。また、植民地問題の根源には人種差別があった。人種差別撤廃の提案は、「文明国」日本のメンツに関わるものだった。

イギリスは日本の提案に反対した。人種差別撤廃を認めれば、大英帝国の維持は不可能になるからだ。アメリカも困惑した。黒人差別問題があるからだ。ただし、日本の提案は表だって批判しにくい理想でもある。ところが、日本の提案の前に一人の豪腕政治家が立ちはだかった。イギリスの自治領オーストラリア全権のヒューズ首相（在任1915-1923）だ。

白豪主義（18参照）を国是とし、日本人の進出を極度に警戒していたオーストラリアにとって、人種差別撤廃などもってのほかだった。国内の白人労働者保護を最重視していたヒューズは、国際会議の場であることなど気にせず、自国の立場を基準に、日本の提案に反対した。何時間も会議で怒鳴り散らすさまをみて、牧野全権は「狂人」とヒューズを評した。一見正反対に思えるウィルソンとヒューズだが、自国や個人の基準を国際政治に適用した点では共通していた。

ウィルソンは、次々に骨抜きにされる構想のなかで、国際連盟設立を最後の砦《とりで》としていた。日本の提案を認めれば、イギリスは国際連盟に協力してくれないだろう。また、アメリカ議会も批判を強めるだろう。ウィルソンは、全会一致を得られないという手続き論で、人種差別撤廃条項案を廃案とした。

■ウィルソン外交の特徴

アメリカの著名な外交研究家だったジョージ・ケナンは、ウィルソンの外交方針を「国際社会を自分の心に浮かぶ理想通りに突然変革出来るなどという途方もない自己欺瞞」（『アメリカ外交50年』）と評した。国により利害も異なれば価値観も違う。自国では正しいことも、他国ではまちがいかもしれない。国際平和に必要なのは理念ではなく、相手が戦争をしかけようと思わないように勢力を均衡させることだ。

こうした考えが全面的に正しいかどうかは別にして、国際政治で理念を強調し、自国の価値観を適用するのが危険なのは事実だ。とくに、アメリカのような大国が自国の理想に基づいた外交方針をとれば、アメリカは善意のつもりでも、大国にさからいにくい他国には単なるお節介となる。

2001年9月11日、アメリカで同時多発テロ事件がおき、2000人以上が犠牲になった。アメリカは対テロ戦争を開始し、イスラム教徒のテロ組織アルカイダを撲滅するためだとして、**アフガニスタンとイラクを攻撃**して政権を倒した。

今も続くテロとの戦いの過程で目立つのは、アメリカが自国の価値観を「正義」として、世界中をアメリカ的民主主義国家にすれば平和になるといった思考である。アメリカの「正義」がアフガニスタンやイラクの人々に平和をもたらしていないことは現実が証明している。理想に燃えるブッシュ政権は根拠を捏造すらしてイラク戦争を正当化した。ウィルソン大統領の「新外交」は、自国の基準を世界標準とする現在のアメリカ外交の起源ともいえるのである。

■

◎**総力戦**＝戦争は、戦場での軍事力だけではなく、経済力や政治力のすべてをつぎ込み、国民の心理までも動員して勝敗が決まるという考え方。

◎**アフガニスタン戦争・イラク戦争**＝アメリカは、テロ事件をアルカイダの犯行と断定し、イスラム原理主義組織タリバンが支配していたアフガニスタンがアルカイダをかくまっているとして攻撃した（2001年10月）。テロ支援国家としてイラン・イラク・北朝鮮を「悪の枢軸」としたブッシュ政権は、大量破壊兵器を隠し持っているとして、イラク攻撃を実施し（2003年3月）、フセイン政権を倒した。その後、アメリカ政府が主張した大量破壊兵器隠匿には根拠がなかったことが明らかになった。

●**さらに学びたい人のために▶▶▶**西崎文子『アメリカ外交とは何か』岩波書店、2004年。

年	出来事
1926	北伐開始
1928	張作霖爆殺事件
1929	世界恐慌
1930	ロンドン軍縮会議
1931	満州事変

20 ワシントン体制

【旧外交と新外交のはざまで】

■ワシントン会議

未曾有《みぞう》の大戦争だった第一次世界大戦。1919（大正8）年のパリ講和会議はヨーロッパの諸問題の処理に忙殺された。一方、アジア太平洋地域では日本への警戒が強まっていた。大戦中に、日本は火事場泥棒のようにさまざまな権益を獲得していた。ドイツの権益であった山東省を引き継ぎ、赤道以北の南太平洋諸島を委任統治下におき、中国には「21か条要求」をつきつけた。また、ロシア革命の混乱に乗じてシベリアに派兵していた（16参照）。

アメリカと日本の台頭により、アジア太平洋地域の勢力図は塗りかえられてしまった。1921年、アメリカのワシントンでこの地域の国際秩序を再編するための会議が開催された。ワシントン会議である。

会議では3つの重要な条約が結ばれた。米・英・仏・日が太平洋地域の秩序維持を約束した4ヵ国条約。中国の主権尊重と領土保全を主要国が約束した9ヵ国条約。戦艦など主力艦の軍縮と太平洋の現状維持を決めたワシントン海軍軍縮条約である。

日本政府内には、アメリカの圧力によってせっかく獲得した権益を奪われるのではないかという警戒感もあった。また、日英同盟が廃棄され4ヵ国条約にかわることで、日本の国際的立場が悪くなることを心配する意見も強かった。しかし、原敬首相は対米協調こそがこれからの日本外交の基軸になると考えており、アメリカの諸提案を原則として受け入れる方針を定めた。不幸にも、原首相は1921年11月4日に暗殺されたが、ワシントン会議での

ワシントン会議
1921
1923
関東大震災

協調方針は維持された。

全権には、徳川家達《いえさと》貴族院議長、加藤友三郎《ともさぶろう》海軍大臣、幣原喜重郎《しではらきじゅうろう》駐米大使が任じられた。徳川家達は世が世なら将軍だった人物で全権に重みをもたせる役割。実務は加藤海相と幣原駐米大使が担った。加藤は国際協調に理解のある海軍軍人、幣原は代表的な国際派エリート外交官である。日本の国際協調姿勢を示すことを意識した人選といえる。

■加藤海相の卓見

全権の加藤友三郎は、痩身で見るからに気むずかしそうな人物だった。アメリカをはじめ、会議参加国は、日本の軍人が軍縮にいい顔をするはずはなく、扱いに困るだろうと心配していた。ところが、ワシントンに到着した加藤は軍服も着ておらず、出迎えた群衆に向かって帽子を振って挨拶をした。「チャーミング・アドミラル」として一躍人気がでた。じつは、幣原大使があらかじめ、世論が政治の行方を左右するアメリカでの対応策として要請していたことだった。加藤は、軍縮会議の冒頭で軍縮に原則として賛成すると述べ、さらなる人気と信用をえた。

海軍軍縮条約は、日本の協調姿勢もあり、イギリスとアメリカに対して、日本は6割の主力艦を保有することで決着した。しかし、海軍内には条約反対派も多く、随員だった加藤寛治《ひろはる》海軍中将は対米6割では日本の防衛ができないと激しく反対しており、加藤海相は外国との交渉だけでなく自国の反対派をも説き伏せなければならなかった。

加藤は国際世論やアメリカの好意を得るために、軍縮に賛成したわけではなかった。そこには総力戦時代の国防に対する透徹した見識があったのである。加藤友三郎は、吐血しながら連日会議にのぞんでいた一夜、加藤寛治らに聞かせつつ、次のようなこと

1926	1928	1929	1930	1931
北伐開始	張作霖爆殺事件	世界恐慌	ロンドン軍縮会議	満州事変

を口述した。

国防は軍人の専有物に非《あら》ず。戦争も亦軍人のみにて為し得《う》べきものに在らず。国家総動員して之に当るに非ざれば目的を達し難《がた》し。故《ゆえ》に一方にては軍備を整ふると同時に民間工業力を発展せしめ貿易を奨励し真に国力を充実するに非ずんば如何《いか》に軍備の充実あるも活用する能《あた》はず。……国防は国力に相応する武力を整ふると同時に国力を涵養し一方外交手段に依り戦争を避くることが目下の時勢に於《おい》て国防の本義なりと信ず。（加藤全権伝言）

もし、軍縮条約が成立せず建艦競争を続ければ、アメリカやイギリスに国力が劣る日本は、もっと不利な状況になる。対米6割には不満でも、条約を成立させることこそが国防の本義だというのだ。加藤寛治に責められつつも「あれも自分の部下で、野心があるわけではなく、日本の海軍を思って熱中しているのだ」と幣原大使に語る度量と、バランスのとれた国防観をもった加藤海相だからこそなしえた軍縮条約成立であった。

■中国とは何か

ワシントン会議では、第一次世界大戦中に日本が強引に引き継いだ山東省のドイツ権益についても話しあわれた。結果的に日本は大部分の山東省権益返還に応じ、中国の領土保全という原則に従った。山東省の青島《ちんたお》には、日本から紡績会社などが進出しており（在華紡《ざいかぼう》）、山東省権益に固執して領土的野心を疑われるより、経済的利益をあげた方が得策だとする判断もあった。

ところで、ある会合の席上、演説している中国代表に対して、フランスの外交官が「中国とは何か」とイヤミをいう場面があった。つまり、中国はきっちりと統一され統治できている国家なのかということだ。国際協調が重視されていたが、それは欧米列強や日本など、当時の大国間の協調であり、どの国も自国の既得権

ワシントン会議
1921
1923
関東大震災

益を放棄してまで協調をはかるつもりはなかった。よって、植民地や勢力圏になっている地域の主張には依然として冷淡だった。4ヵ国条約や9ヵ国条約は、あらたな秩序をつくるのではなく、現状維持を主眼としていた。ウィルソン大統領の外交方針に代表される「新外交」は(19参照)、あくまで大国間で適用されるものであり、民主的な国際政治のなかで民族自決を重視するというのも、大国の権益を損なわない範囲でのことだった。当初、中国は「新外交」に期待をよせていたが、その内実が明らかになると失望に転じた。

第一次世界大戦の衝撃は、国際政治のありかたに変化をもたらしたのは事実である。パリ講和会議でのヴェルサイユ条約とワシントン会議での諸条約によって成立したヴェルサイユ＝ワシントン体制は「新外交」の結実であり、1931年に満州事変が起きるまで、アジアにもつかの間の安定をもたらした。しかし、列強の圧力に苦しみ独立や平等な待遇を求める国々にとって、新体制は、植民地帝国間の利害関係の調整を主眼とする「旧外交」のままであった。世界は、「旧外交」と「新外交」のはざまで危うい均衡を保っているだけだった。米英中心の世界に不満をいだく日本やドイツがはじめる暴走。ナショナリズムの高まる植民地がさけぶ帝国主義批判。こうした動きに対して、ヴェルサイユ＝ワシントン体制は有効な手立てをこうじることができず崩壊していくのである。

■

◉さらに学びたい人のために▶▶▶幣原喜重郎『外交五十年』中央公論新社、2007年。

1926 北伐開始
1928 張作霖爆殺事件
1929 世界恐慌
1930 ロンドン軍縮会議
1931 満州事変

21 戦争を廃絶できるのか

【戦間期の苦悩】

■国際連盟

1920（大正9）年、アメリカ大統領ウィルソンの提唱に基づいて国際連盟が設立された。第一次世界大戦の悲劇を繰り返さないことが最大の目的であった。そのために集団安全保障体制が導入された。これは、国際連盟規約に違反して侵略行為をおこなった国に対し、加盟国が集団で制裁を発動するシステムである。そうすれば侵略国に勝利できるということより、割に合わないことを悟らせて、侵略行為を未然に防止することを主眼としていた。

国際連盟は、大国のイギリス・フランス・イタリア・日本を常任理事国としたが、小国の意見を反映させるために総会での全会一致による議決を重視した。また、紛争の司法的解決をおこなう国際司法裁判所、労働者の権利向上のための国際労働機関などの専門機関が付属した。いずれも過去のさまざまな戦争防止策と大戦の反省を生かしたものであり、画期的な国際機関の誕生であった。

しかし、問題もあった。第一に、肝心のアメリカが参加しなかったことである。連盟加盟によって国際紛争に介入せざるを得なくなるのを嫌う孤立主義的発想から、アメリカ上院がヴェルサイユ条約を承認しなかったからだ。また、革命によってできた社会主義国ソ連も国家そのものが承認されず加盟しなかった。第二に、集団安全保障の不備である。制裁措置は経済的なものが主であり、制裁に加わるかどうかは各国の判断に任された。この点は微妙な問題だった。国家主権を他国が侵さないことが大原則である以上、

1921 ワシントン会議
1923 関東大震災

連盟は制裁への参加を命令できない。強制的な制裁参加にして、断った国を制裁するわけにもいかない。第三に、全会一致を原則としたため、効果的な決定がしにくくなったことである。利害の異なる多数の国の意見を一致させることはきわめて困難だった。

■不戦条約

国際連盟が戦争を防止できるのか不安視されるなか、連盟システムを補完する二つの重要な条約が結ばれた。

一つは、1925年、フランス・ドイツ・イギリスなどヨーロッパ主要国の間で、ヨーロッパ地域の集団安全保障を決めたロカルノ条約だ。ドイツの国際連盟参加も認められ、ようやくヨーロッパに安定のときが訪れた。

いま一つは、1928（昭和3）年に調印された不戦条約である。アメリカとフランスが中心になり、日本を含む世界の主要国が加盟したこの条約では、「国際紛争解決のため戦争に訴うることを非とし……国家の政策の手段として戦争を抛棄《ほうき》」することが決められた。これにより、国家には対外政策の一手段として戦争をすることができるとする考え方が明確に否定された。条約の文言からわかるように、不戦条約の精神は、日本国憲法第9条に活かされることになる。

ところで、不戦条約では、自衛のための武力行使は容認されたが、これが大問題だった。自国領に攻めこんできた敵と戦うことを自衛というのはわかりやすい。ところが、当時の大国は、世界各地に植民地や勢力圏をもっていた。植民地の人々が独立を求めて、それが戦争に発展した場合、支配国が武力行使をすることは自衛なのか。自国領でないにもかかわらず、大国間でそれぞれの「死活的利益」として認めあっている勢力圏での武力行使は自衛なのか。帝国主義の時代にあって、じつはこの点こそが戦争の最

年	出来事
1926	北伐開始
1928	張作霖爆殺事件
1929	世界恐慌
1930	ロンドン軍縮会議
1931	満州事変

大の原因だったが、曖昧な解釈のままになった。

くわえて、不戦条約に従わない国にはどう対応するのかという問題も残された。条約では、紛争が起きた場合、平和的手段で解決するとされたが、たとえば国際司法裁判所で判決が出たとして、それに従わない国はどうすればいいのか。国内政治の次元であれば、警察が捕まえて刑務所に入れるということになるが、国際政治ではそうはいかない。結局、武力によって解決するしかない。つまり戦争だ。しかし、条約は戦争を抛棄している。歯がゆいような堂々めぐりの議論だが、これが現実だった。

それでも、「戦争抛棄」が国際政治の場で承認されたことの意味は大きく、無法な侵略行為を批判する確固とした根拠ができた。

■国際連盟で活躍した日本人

難題を抱えながらもスタートした国際連盟。日本は平和的な雰囲気を重視する世相もあって、基本的には連盟を歓迎した。なにより、常任理事国として世界の大国になれたことが晴れがましかった。また、国際連盟の監視下で赤道以北の南洋群島を委任統治できるのも、日本が一流の「文明国」と思われているからだ。

連盟事務局次長には、東京帝大教授の新渡戸稲造《にとべいなぞう》が起用された。すぐれた植民地問題研究者で、英語に堪能、敬虔なキリスト教徒。新渡戸は連盟にうってつけの人物だった。そのほか、新渡戸の後任をつとめた杉村陽太郎や国際司法裁判所所長になった安達峰一郎《あだちみねいちろう》など、世界に誇る専門家が連盟で活躍した。日本は地理的にヨーロッパから離れており、ヨーロッパ問題を扱う際には、利害の関わらない中立の立場とみなされることも好都合だった。

ところが、1931年に満州事変が勃発すると（26参照）、日本と国際連盟の関係は急速に悪化した。日本は満州（中国東北部）での軍事行動は自衛行為だと主張したが、小国を中心に不戦条約違反

ワシントン会議
1921
1923
関東大震災

だとの批判が強まった。小国は、日本の行動を「自衛」と認めれば、自分の国も近隣の大国から「自衛」として侵略されるかもしれないため、断じて満州事変を許せなかったのだ。

国際連盟で活躍していた日本人は板ばさみになった。国際連盟の精神を守る一方で、なんとか日本への批判をかわさねばならない。日本からは弱腰で自国を擁護できない者と糾弾され、連盟では侵略行為を容認するのかと責められた。新渡戸稲造は、事務局次長を退任後も、国際的な研究・交流団体の太平洋問題調査会などで活躍していたが、日本の孤立を避けるために必死で努力した。「太平洋の橋」になりたいとの志を生涯抱き続けた新渡戸は、アメリカ大陸の旧友から冷たい目でみられつつ、失意のなかカナダで客死した。

「危機の20年」(イギリスの歴史家E.H.カーの書名)とされる二つの大戦間期。たしかに、国際連盟やロカルノ条約・不戦条約などは役割を果たさぬまま、ふたたび悲惨な世界戦争が勃発した。しかし、戦間期の努力は決して無駄ではなく、現在も継続される世界平和のための諸策に貴重な教訓を与えているのである。

■

◉**さらに学びたい人のために▶▶▶**篠原初枝『国際連盟』中央公論新社、2010年。

年	出来事
1926	北伐開始
1928	張作霖爆殺事件
1929	世界恐慌
1930	ロンドン軍縮会議
1931	満州事変

22 皇太子海を渡る

【天皇と政党政治】

■天皇の役割

明治憲法では、天皇は神聖なる存在として、強大な権力をもっていた。首相の任命（大命降下《たいめいこうか》）、宣戦・条約締結などの外交大権、軍を指揮する統帥《とうすい》大権、法律制定・議会の招集解散など、立法・行政・司法の三権はすべて天皇の権限でおこなうことになっていた。

しかし、天皇がすべてを処理できるわけではなく、国務は国務大臣が、軍事は軍人のトップが助け（輔弼《ほひつ》）、天皇の命令には輔弼者の副署が必要だった。神聖不可侵の天皇の責任は問わず、実質は輔弼者が責任者として国務・軍事などにあたった。

明治天皇（在位：1867-1912）は、京都のお公家さんの世界から切り離され、厳しい教育の結果、理想的な近代国家の君主を演じることができるようになった。明治中期以降は、ライバル関係にあった元老たちの調整役になった。ある意味では、憲法が想定している以上の存在だった。

大正天皇（在位：1912-1926）は、幼少時の重病が原因で、脳に障害があった。天皇は、重責にさいなまれ、しだいに判断力を失い、発語や身体動作にも支障をきたすようになる。形式的とはいえ、すべての権力の源泉である天皇が国政を総攬《そうらん》できないことは、きわめて重大な問題だった。

1912（大正2）年の12月、**内大臣《ないだいじん》**・侍従長の桂太郎が首相に返り咲いた際、中立が求められる宮中の人物が政治の現場に戻ることを批判する声が挙がった。桂は勅語《ちょくご》（天皇のことば）をもちだし

ワシントン会議
1921
1923
関東大震災

て正当化をはかったが、批判はおさまらず、わずか53日で退陣においこまれた（大正政変）。民主化を求める護憲運動の力ではあったが、他方で勅語が本当に天皇の意思なのか疑われたこともあった。尊敬を集めていた明治天皇ならばありえないことだ。

▩昭和天皇の青春

病状の悪化する天皇に代わる摂政をたてるしかない事態になった。さいわい、皇太子裕仁《ひろひと》親王（のちの昭和天皇）は心身ともに健康に成長していた。「一等国」日本の君主として、世界に通用する人物になってもらわねばならない。裕仁親王への期待は高まった。こうしたなか、皇太子教育の総仕上げとして前代未聞の外遊計画がもちあがった。父の病中に皇太子が国を留守にすることに反対もあったが、1921年、外遊は断行された。

裕仁は眼鏡をかけ神経質そうな青年だった。ヨーロッパに向かう軍艦香取《かとり》のなかで、マナーや話し方の訓練がおこなわれた。「世間」というものを知らなかった裕仁はしだいにふつうの言動ができるようになる。

3月3日に日本出発、5月9日にイギリス着。ビクトリア駅には国王ジョージ5世が出迎えてくれた。ワシントン会議で日英同盟が廃棄される見通しだった時期だけに、イギリスは最大の気配りをみせた。裕仁は感動した。イギリス王室には、日本の皇室にはない暖かい家庭があり、そこに迎えいれてくれたのだ。

第一次世界大戦の戦跡訪問は、将来の大元帥《だいげんすい》として戦争の実地体験をさせる目的もあったが、悲惨な風景を見た裕仁は「戦争というものはじつにひどいものだ」と感想をもらした。このとき、まさか自国が「じつにひどい」戦争によって破滅するとは思っていなかっただろう。イギリス・フランス・ベルギー・オランダ・イタリアを歴訪した皇太子は9月に帰国した。

1926	1928	1929	1930	1931
北伐開始	張作霖爆殺事件	世界恐慌	ロンドン軍縮会議	満州事変

「かごの鳥」であった裕仁にとって、ヨーロッパ外遊はつかの間の自由だった。フランスでは珍談がある。念願の地下鉄に乗車しようとして切符がないことを駅員に注意されたのだ。お付きの人があわてて買ってくれた切符を裕仁は大事に保存した。買い物も体験した。お金を払って買うという当たり前のことすら日本ではできないことだった。ヨーロッパ体験は、裕仁の皇室観に影響した。側室をおかず、良子《ながこ》皇后との「家庭」を大事にしたこと、「君臨すれども統治せず」というイギリス国王を立憲君主の理想としたことなどだ。1921年11月、20歳の裕仁は摂政に就任した。裕仁親王の青春は終わりを告げた。

■政党政治の時代

大正政変後に成立した山本権兵衛《ごんべえ》内閣は、**軍部大臣現役武官制を改正**するなど、民主化要求が高まる世論にこたえる政策をおこなった。大隈重信、寺内正毅《まさたけ》と首相が交代し、1918年、原敬《はらたかし》が組閣した。原内閣は、外務・陸軍・海軍以外の閣僚はすべて政友会の党員であり本格的政党内閣が実現した。原は、選挙民目当ての露骨な地方振興策をすすめる豪腕政治家であっただけに、強力なリーダーシップを発揮して、軍部をおさえて国際協調外交を推進した。原の暗殺後に首相となった高橋是清《これきよ》は政友会をうまくまとめられず、政界は混乱した。ふたたび非政党内閣となったが、1924年、清浦奎吾《けいご》が貴族院の勢力を背景に組閣するに及び、第二次護憲運動がおきた。政友会・憲政会・革新倶楽部《くらぶ》の護憲三派と呼ばれる政党が、これまでの対立を解消し一致して清浦内閣を攻撃した。

総選挙での大勝の結果、6月に加藤高明内閣が成立した。これ以後、1932年5月に犬養毅《いぬかいつよし》内閣が倒れるまで、政党を基盤とした内閣が続くことになる。この間、政友会と憲政会（1928～民政党）

の二大政党が交代して政権を担当した。政権与党の内閣が退陣すると野党第一党が政権を担当することを「憲政の常道」として、曲がりなりにも政党政治がおこなわれる時代になったのである。

政党内閣が実現した理由は、直接的には民主化を求める世論の反映である。一方で、大正天皇が病気であったことも関係した。首相の任命権をもつ天皇が政治判断できない状態であることは公然の秘密だった。では、首相の権力の正当性はどこにあるのか。その答えが民意だった。国民によって選ばれたということが、天皇に代わる権力の源泉になったのである。くわえて、総力戦の時代になったことも、民主化を促進させた。戦争になれば、国民を総動員して、国家に尽くしてもらわねばならない。その代償として政治参加を許すということだ。1925年、加藤高明内閣は満25歳以上のすべての男子に選挙権を与える普通選挙法を成立させたが、選挙権の拡大は、民主化の進展とともに国民の総力を結集させるという意味もあったのである。

まだ20代だった摂政裕仁は、君主として時代の新局面に対応しなければならなかった。1926年12月、病床にあった大正天皇が崩御した。激動の昭和が幕を開けることになる。

■

◎**内大臣**＝宮中にあって天皇の政務を補弼する大臣。天皇に影響力を行使できる要職。宮中の事務を担当するのは宮内大臣。

◎**軍部大臣現役武官制の改正**＝軍部大臣現役武官制により、陸軍・海軍の両大臣は現役の武官でなければならないとされていた。現役の武官の場合、人事権は軍がもつため、大臣候補を推薦しないことで、内閣を倒すことが可能だった。改正によって、予備役・後備役の軍人でも陸海大臣に任用できることになった。ただし、現役武官以外の就任例はない。

◉**さらに学びたい人のために▶▶▶**波多野勝『裕仁皇太子ヨーロッパ外遊記』草思社、2012年。

23 軟弱外交と強硬外交

【国際協調主義とはなにか?】

■混迷する中国情勢

1912(明治45)年、中華民国が成立して中国は共和国として再出発することになった。孫文《そんぶん》は、民族主義・民権主義・民生主義の「三民主義」をかかげて革命を主導したが、すぐに権力を軍閥の袁世凱《えんせいがい》に奪われ、袁の独裁がはじまった。帝政を復活させようとしたことへの反発が高まるなか袁は死去し、中国は各地に軍閥が割拠する分裂状態になった。日本を含む列強諸国は、それぞれの思惑から軍閥を援助したため混迷は深まった。

北京では、日本が後押しする段祺瑞《だんきずい》の安徽《あんき》派が権力を握ったが、1920(大正9)年には呉佩孚《ごはいふ》の直隷《ちょくれい》派と張作霖《ちょうさくりん》の奉天《ほうてん》派が結んで安徽派を退け(安直戦争)、次は奉天派と安徽派と広東の孫文が同盟して直隷派と対立、1922年には直隷派が勝利して政権を握った(第一次奉直戦争)。

ところが、1924年には、ふたたび奉天派と直隷派が対決し、直隷派は敗北、段祺瑞が返り咲いた(第二次奉直戦争)。こうしためまぐるしい権力闘争がくりひろげられるなか、列強は中国への侵略を続け、はては、中国を列強の共同管理下におくというようなプランが真剣に議論される事態になった。

日本は、段祺瑞や張作霖の後ろ盾となり、中国での勢力拡大をはかった。1915年には大隈内閣は「21カ条要求」をつきつけ(16参照)、続く寺内内閣では段祺瑞を援助するため1億4500万円(現在の1000億円程度)に及ぶ不透明な借款をおこなった(西原借款《にしはらしゃっかん》)。原内閣では、国際協調の観点から、英・米・仏三国とともに対中

ワシントン会議
1921
1923
関東大震災

国国際借款団に参加し（**新四国借款団**）、影響力維持につとめた。

北伐と日本

広東を拠点としていた中国国民党の孫文は、1924年に中国共産党と手を組み（国共合作《こっきょうがっさく》）、混乱の収拾に乗り出した。この年の11月、神戸を訪れた孫文は、日本が、欧米諸国とは異なり、中国と協力して王道（徳による仁政）を歩むことでアジアに平和がもたらされると講演した（大《だい》アジア主義講演）。帝国主義的野望を抱いて中国を侵略しようとする日本への警告でもあった。しかし、孫文は1925年3月に北京で病に倒れ道半ばにして死去した。孫文の後継者として権力を掌握した蒋介石《しょうかいせき》は、1926年から中国統一をめざす軍事行動を開始した（北伐《ほくばつ》）。

当時の外務大臣幣原喜重郎《しではらきじゅうろう》は、加藤高明・若槻《わかつき》礼次郎・浜口雄《お》幸《さち》・第二次若槻内閣で外相をつとめ、「幣原外交」と称される戦前期の国際協調外交の頂点を築いた人物である。幣原は、北伐には内政不干渉の原則で対応した。しかし、北伐軍が南京で外国公館を襲撃したとされる南京事件（1927年3月）などにも静観の態度をとったことなどで、弱腰の「軟弱外交」と批判された。

1927年4月に陸軍出身の田中義一《ぎいち》政友会内閣が成立すると（外相は田中が兼任）、日本の外交姿勢は、中国情勢に積極的に関与するものとなった。田中は、日本の権益を守るためとして、北伐の妨害を目的とした山東出兵を断行した。

日本にとっては、中国が混乱している方がつけいるすきがあるため好都合であった。北伐が成功すれば、中国は手強《てごわ》い交渉相手となり、日本の権益が失われることが危惧されていたのである。

昭和天皇激怒

田中内閣の外交は混乱をきわめた。山東出兵では中国や世界の反感を買い、不戦条約承認問題では手際の悪さから批准を遅延さ

1926 北伐開始
1928 張作霖爆殺事件
1929 世界恐慌
1930 ロンドン軍縮会議
1931 満州事変

せた。こうしたなか、大事件が勃発した。

北伐軍に敗れた奉天の軍閥張作霖は、1928（昭和3）年6月4日、北京を脱出したが、彼の乗る列車が奉天郊外で爆破されたのである。爆殺の犯人は、**関東軍**の参謀河本大作《こうもとだいさく》大佐だった。蔣介石にやぶれた張作霖に利用価値はないので排除し、日本が満州を直接支配するという恐るべき陰謀のはじまりだった。謀略を察知した田中首相は、昭和天皇に事件の真相解明と厳正処分を約束した。しかし、日本軍の謀略公表を軍や閣僚が猛反対したため、結局事実は隠され、河本大佐は警備責任を問われて行政処分を受けるだけとなった。

青年君主であった昭和天皇は激怒した。事件が謀略であったか否かではなく、首相が自分にした約束を守らなかったからである。釈明にあらわれた田中首相に天皇から厳しい一言があった。「聞く必要はない！」田中は衝撃を受けた。内閣は総辞職し、失意のなか田中はまもなく死去した。

北伐は成功した。日本軍に父を殺されたことを恨んだ張学良《ちょうがくりょう》は蔣介石に服属することを決意し（易幟《えきし》）、ここに中国は統一される。「強硬外交」は成果をもたらさなかったのだ。

幣原が外相当時、政友会のある人物が元老西園寺公望を訪ねて「軟弱外交」批判をおこなった。西園寺は「君、いったい軟弱外交とはどんなことか知っているか。幣原のやっているのは強硬外交だ」と諭したという。西園寺は、流されやすい世論に惑わされず原則を貫く幣原の外交姿勢を評価していたのであろう。

一般に、田中外交は幣原の対極にあるとされるが、国際協調を重視して日本の既得権益を守るという点では大差はなかった。田中は、世論に中国への不満が高まったことをうけて、山東出兵などの派手な行動をしたが、幣原は世論に動じなかっただけともい

ワシントン会議
1921
1923
関東大震災

える。幣原を「軟弱」と批判した世論は、田中内閣の混乱ぶりに飽きて、同じ幣原が外相をした浜口内閣の外交方針を支持した。外交政策は、世論に流されず一貫した姿勢をとることが必要だということなのか。

ただし、世論に流されない幣原の「強硬」姿勢こそが、この時期の国際協調主義の限界を暗示していた。幣原はエリート主義で、できの悪い部下の外交官を馬鹿にするところがあった。いわんや「愚民」の外交論など相手にしないということだ。また、中国国民のナショナリズムにも鈍感だった。世界のエリートである大国のそのまたエリート外交官が、専門的見地から淡々と外交を進めていけばいいというのが、国際協調主義の背景にあった発想である。しかし、戦間期は、民主化がすすみ社会が大衆化し、植民地では人々のナショナリズムが覚醒する時期であった。幣原流の外交は終わりをむかえつつあった。

■

◎**新四国借款団**＝1920年に成立した英米仏日四カ国による対中国借款団。日本は、一部をのぞいて勢力圏の満蒙の権益も借款団の事業対象とすることを認めた。交渉は、エリートの国際金融家の間ですすめられ、当時の国際協調外交の典型的事例となった。

◎**関東軍**＝日露戦争で獲得した遼東半島の租借地（関東州）と南満州鉄道の警備のために駐留する日本軍のこと。

◉**さらに学びたい人のために▶▶▶**川島真『近代国家への模索 1894-1925』岩波書店、2010年。

1926	1928	1929	1930	1931
北伐開始	張作霖爆殺事件	世界恐慌	ロンドン軍縮会議	満州事変

24 「金」こそすべて

【不況が招く戦争】

■疲弊する農村

江戸時代の農村は基本的に自治だった。泰平の世が続くなか、田畑にできるところは開墾し、里山は丁寧に管理し入会地《いりあいち》として共同で利用した。ときには領主の無理な要求や、名主（庄屋）などの支配層とふつうの百姓の対立もあったが、気候が安定すれば、それなりに蓄えもできて穏やかな日々をすごすことができた。

明治維新の諸改革は、こうした農村にも激変をもたらした。地租改正により負担は増大し、副業でつくっていた生糸は輸出品になったため、輸出先の好不況の影響を受けた。入会地も所有者が不明だとの理由で多くは国有地になってしまった。余裕がなくなった農民は大事な土地を手放し、それを地主が買い集めた。貧しい農民は都市で厳しい条件のもと工場労働者になり、女子は泣く泣く売春婦として身売りすることもあった。

一方、地主は地方の有力者になり、代議士の当落を左右した。政党は、地主に有利な政策をすすめた。また、工業化の進展は、ごく一部の企業家に莫大な富をもたらした。三井・三菱・住友・安田などの財閥が日本経済を支配するようになった。「金《かね》」こそすべての世の中は、格差を広げ続けていった。

■「失われた10年」

1920年代は、政党政治が本格化し、曲がりなりにも民主化がすすんだ。外交は国際協調を基本にすすめられた。一方、経済的には不況が続いた。**戦後恐慌**（1920年）、**関東大震災**（1923年）、**金融恐慌**（1927）と経済は混乱した。こうしたなか、農民はますま

1921 ワシントン会議
1923 関東大震災

す困窮して地主への土地集中がすすみ、経営難に陥った企業は財閥の配下におかれた。小作料を減らし農村を立ち直らせること、経営基盤の弱い中小企業を整理再編し、一方で強大な財閥を抑制することが必要だった。しかし、「痛みをともなう」改革を実施すれば票を失ってしまう。政府や政党は、地主や財閥との癒着を断ち切ることはできなかった。

1929（昭和4）年、張作霖爆殺問題（23参照）などで行きづまった田中義一政友会内閣に代わり、立憲民政党の浜口雄幸《おさち》内閣が成立した。大蔵省の官僚出身の浜口は経済問題の解決を最優先課題とした。大蔵大臣には日銀総裁経験者で金融のプロであった井上準之助が就任した。浜口と井上は不退転の決意で「痛みをともなう」改革をかかげた。改革の目玉は金輸出解禁だった。国際金本位制に復帰して貿易を伸ばすことで日本経済を復活させようというものだ。

金本位制とは、金を貨幣価値の基本とし、貨幣を金に交換することを保証する制度だ。日本の場合、1897（明治30）年の貨幣法により1円＝金0.75gと定めた。よって、金本位制では通貨発行量はその国の金の保有量で決まり、他国通貨との相場も固定された。また、貿易は金の輸出入で最終的に決済された。貿易黒字であれば金が流入して通貨発行量が増えて物価が上がる。物価上昇によりその国の製品は割高になるため売れなくなり、貿易赤字になる。その結果、金が流出して通貨発行量が減って物価が下がる。割安になったその国の製品は売れてふたたび貿易黒字に転じる。国際的に金本位制を採用すれば、こうしたサイクルのなかで国際貿易が運んでいくと考えられていた。

第一次世界大戦の混乱により、主要国は金本位制から離脱していたが、復興に伴いふたたび国際金本位制に復帰した。ところが、

北伐開始　世界恐慌　満州事変
1926　1928　1929　1930　1931
張作霖爆殺事件　ロンドン軍縮会議

日本は不況が続いて経済が混乱していたため、金本位制に復帰できないままだった。

井上蔵相は、金輸出解禁実施に向けて準備を進めた。金本位制下での貿易に耐えられるように企業の経営体質を改善する必要があったため、経営状態の悪い企業の整理を断行した。また、日本製品を安くして売れるように物価を下げる必要があったため、財政支出を減らして景気を後退させることにした。「金《きん》」こそすべての国際制度に復帰するには必要な政策だったが、「痛みをともなう」改革だった。

■世界恐慌

1930年1月、日本政府は金輸出解禁に踏み切った。ところが、金融のプロであった井上蔵相の予想をこえる事態が進行していた。前年の10月、世界経済の中心になりつつあったニューヨークのウォール街は暗い空気につつまれた。株価が暴落したのだ。景気は循環するものだから、この暴落も一時的だろうと楽観視され、アメリカ政府は特段の対策をこうじなかった。しかし、これこそ、世界中を巻き込む深刻な不況のはじまりだった。アメリカの株価下落は止まらず、企業は次々と倒産した。アメリカの資金援助をうけてドイツが賠償金を返し、イギリスやフランスはその賠償金でアメリカへの借金を返済して復興をおこなうという、戦間期の国際経済体制は崩壊した。経済破綻したドイツではパン1個が1兆マルクというようなとんでもないインフレになり、現状を破壊するしか未来はないと過激な主張をする**ナチス**が急速に台頭した。相対的に安定していた世界はまたたく間に暗転したのである。

日本経済も大混乱におちいった。金輸出解禁は、嵐にむかって窓を開けはなつようなものだった。絶対の自信をもって政策を断行していた井上蔵相は方針を曲げなかったため、日本から大量の

1921 ワシントン会議
1923 関東大震災

金が流出した。繭《まゆ》価は暴落し、農村は一層の苦境に追い込まれた。子どもは学校に弁当ももっていけず、若い娘は身売りした。都市には失業者があふれ、当時は超エリートだった大学生すら3割しか就職できなかった。結局、1931年12月に成立した犬養毅《いぬかいつよし》政友会内閣により、金輸出は再禁止される。

不況が深刻化するなか、格差は広がり、多くの国民に不満がつのった。財閥や地主と癒着して権力争いにあけくれる政党は見放された。痛みにたえて改革をおこない復活するという選択ではなく、他国を侵略して日本を改造するというような極端な選択に人々は期待をいだきはじめる。中国は、列強の侵略をはね返すべくようやく統一をなしとげ(北伐)、力をつけようとしていた。明治の日本を思うならば同情して協力すべきだが、人々にそんな余裕はなく、むしろ敵意をもつようになった。

1931年9月18日、満州の荒野で日本軍がはじめた侵略行動を、国民が歓呼で迎える日は目前に迫っていた。

◎**戦後恐慌**＝第一次世界大戦中の好景気の反動によりおきた不況。
◎**関東大震災**＝1923年9月1日、関東南部をおそった大地震。マグニチュード7.9。死者・行方不明者は14万人以上。東京・横浜は壊滅的被害をうけ、当時の国家予算の3倍に及ぶ損失をもたらした。
◎**金融恐慌**＝関東大震災後の処理をめぐり金融が混乱し、多くの銀行が倒産した。大商社であった鈴木商店の不良債権をかかえる台湾銀行も経営危機に陥り、その救済策が紛糾し、若槻礼次郎憲政会内閣は総辞職した。
◎**ナチス**＝国民社会主義ドイツ労働者党。1919年に結成。ヒトラーの指導のもと、国粋主義的立場から反ユダヤ主義をかかげる。1933年ヒトラー内閣成立。
◉**さらに学びたい人のために▶▶▶**中村隆英『昭和恐慌と経済政策』講談社、1994年。

1926 北伐開始
1928 張作霖爆殺事件
1929 世界恐慌
1930 ロンドン軍縮会議
1931 満州事変

25 0.25%の攻防

【ロンドン海軍軍縮条約】

■軍縮の意味

第一次世界大戦の教訓は、平和の維持に国際協調が必要だということだった。軍縮はその一貫としてとりくまねばならない課題だった。

戦前の日本はいつも軍拡をしていたようなイメージがあるが、1920年代はあいついで軍縮がおこなわれた。1922(大正11)年・23年と山梨半造《やまなしはんぞう》陸軍大臣のもと、25年には宇垣一成《うがきかずしげ》陸軍大臣のもと、3回にわたって陸軍軍縮が実施された。海軍は、1922年のワシントン海軍軍縮条約(20参照)にしたがい戦艦を主とする軍縮をすすめた。大正デモクラシーのまっただなかにあって、国民生活を犠牲にしても軍備を整えるとはいえない雰囲気だった。

しかし、軍部には別の思惑があった。大戦のもう一つの教訓は、軍備を近代化しなければならないということだ。軍備更新の金をつくるためにも軍縮は必要だった。たとえば、海軍では航空機や潜水艦の登場により、大艦巨砲主義(戦艦による砲撃戦)は無意味化しつつあった。航空母艦や潜水艦、それを護衛・攻撃する機動性の高い艦船が、海軍の主役になることが予想され、ワシントン海軍軍縮条約に関係しないこれら補助艦船の建艦競争になっていたのである。軍艦建造には多額の費用がかかるため、建艦競争は財政の重荷になっていた。

そこで、イギリスの呼びかけにより1930年にロンドンで日米英3国の補助艦の軍縮会議が開かれることになった。当時の浜口雄幸内閣は、経済立て直しのため厳しい緊縮財政政策を実施中で、

ワシントン会議
1921
1923
関東大震災

軍縮はぜひとも実現したい政策課題であった。軍の装備に関することは内閣のみでは決められず、基本的には軍部が主導権を握っていたが、浜口首相はあえてロンドンに派遣する主席全権に文官を選んだ。大蔵官僚出身の元首相若槻礼次郎である。軍人でない者に専門知識を必要とする軍縮交渉ができるのか、不満と不安の声があがった。若槻は東京帝大を驚異的な成績で卒業した能力の持ち主で、会議までの日々、猛勉強をした。会議では、あの文官は軍人なのかといわれるほど軍艦の知識をもつまでになった。ついたあだ名は「シビリアン・アドミラル」(文官の海軍提督)。

もうひとつ、浜口は大きな決断をした。財部彪《たからべたけし》海軍大臣も全権となったが、ワシントン海軍軍縮条約のときの例にならって財部の不在中の海軍大臣事務代理をみずから兼任した。軍隊の指揮に関すること以外であれば文官が職務代理をしても問題はないとする立場で、将来、軍部の力を抑制していくための布石だった。

ロンドンでは、いよいよ難しい交渉がはじまった。

■69.75%

日本の補助艦比率をアメリカ・イギリスの6割にすること。これが米英両国の要望だった。一方、日本は7割でなければ防衛ができないと強硬に主張していた。

この6割や7割という数字には確固とした根拠があるわけではなかった。海軍は、アメリカが日本近海に攻めてきたときを想定した。アメリカの全海軍が来襲するはずはなく、くわえて日本までの航海でアメリカ艦は整備が万全ではない可能性が高い。よって、アメリカの70%の艦船を保有していれば勝てるというものだった。

予想どおり、会議は難航した。3ヵ月間交渉しても60%と70%の溝はうまらない。こうしたなか、若槻は69.75%の比率が日本

の承諾可能なギリギリの数字だと判断し、マクドナルド英国首相に切々と決心を語った。「自分の生命と名誉はどうなってもかまわないので、会議をまとめてもらいたい」。

イギリスとアメリカは若槻の提案に同意した。70%では、アメリカの上院が批准を拒否するだろう。心理的なものだが頭にくる数字が「6」になっていると、日本が妥協したかのようにみえる。他方で日本は実質的に70%を確保したのも同然の数字だった。内閣は若槻の交渉結果を認めて条約締結を承認した。若槻は安堵した。

■統帥権干犯

その頃、日本では軍縮条約問題が内閣をゆるがす事態となっていた。海軍が完全に同意しないままで条約を締結したのは、統帥《とうすい》権干犯《けんかんぱん》だとの議論がでてきたのである。**軍令部長**の**帷幄上奏《いあくじょうそう》**が妨害されたとの批判もあった。軍人はもちろん、野党政友会や枢密《すうみつ》院までが内閣は天皇大権を犯していると騒ぎ出した。軍の装備（編制）は、陸海大臣が内閣の一員として決めることで、統帥権に含まれないとも解釈できた。また、条約締結は外交大権に属し、外務大臣が管轄する。つまり、浜口内閣が閣議決定により条約締結方針を固めて天皇の了解を得たことは法的には何の問題もなかった。野党も枢密院も、浜口内閣を倒すための政争の具として統帥権をもちだしたのだった。

枢密院は、天皇の諮問にこたえて重要政務の最終審査をする機関で、条約批准も審査対象である。難癖をつける枢密院と内閣はきびしく対立したが、浜口は強気だった。世論も枢密院に批判的だった。結局、枢密院側が折れて、条約は無事批准された（30年10月）。

浜口首相は、懸案だった金輸出解禁を断行し（24参照）、軍縮条

ワシントン会議
1921
1923
関東大震災

約も成立させた。10月27日には、世界に向けて**ラジオ**で演説をした。

> **ロンドン海軍条約は人類の文明に一新紀元を画したるものであります。現在の世界は列強互に相敵視して、動もすれば力に訴へてまでも自国の利益を開拓せんとしたる所謂《いわゆる》「冒険時代」を既に経過しまして、今や各国互いに相信頼して共存共栄を計る所の「安定時代」に到達して居るのであります。**

果断に政治の難問に挑む浜口はまさに「ライオン宰相」(風貌からつけられたあだ名)だった。11月14日、浜口は、陸軍演習視察のために東京駅のホームを移動中に至近距離から銃撃された。右翼団体愛国社の青年社員左郷屋留雄《さごやとめお》の犯行だった。浜口は命をとりとめたが、翌年1月の退院後、野党の執拗な要求をうけて議会に出席を続け、傷口が化膿した。4月に首相を辞任、8月26日に帰らぬ人となった。

■

◎**軍令部長**＝海軍を指揮する軍令部のトップで、天皇の統帥権を輔弼する。
◎**帷幄上奏**＝統帥権に関係することについて軍部が天皇に上奏すること。拡大解釈されて、内閣を軽視して、軍部や陸海大臣が帷幄上奏する例が増えていった。帷幄とは軍隊の将軍がいる幕のこと。
◎**ラジオ**＝日本では1925(大正14)年からラジオ放送が開始された。ロンドン海軍軍縮条約成立を記念して、日米英三国首脳の演説がラジオ放送された。
◉**さらに学びたい人のために▶▶▶**川田稔『浜口雄幸』ミネルヴァ書房、2007年。

北伐開始 / 世界恐慌 / 満州事変
1926 1928 1929 1930 1931
張作霖爆殺事件 / ロンドン軍縮会議

26 満州事変

【悲劇への序章】

■ワンフレーズ外交

1931（昭和6）年1月23日、第59回帝国議会で衆議院議員松岡《まつおか》洋右《ようすけ》が幣原喜重郎外相に質問をおこなった。

> **満蒙問題は、私はこれはわが国の存亡にかかわる問題である、わが国民の生命線であると考えておる。…この八方ふさがりに対していかなる打開策をこうずるのであるか。……各方面を見て、いずれも屈譲退嬰《くつじょうたいえい》（弱腰で消極的）でありまして、われわれは遺憾ながらいささかの光明をも認めえないのであります。**

外交官出身で、満鉄（南満州鉄道株式会社）の副総裁をつとめた後、政友会所属の衆議院議員に転身した松岡は、幣原の国際協調外交を厳しく批判して人気を高めていた。この質問演説では「**満蒙**は日本の生命線」という有名なフレーズを述べた。

1929年秋のニューヨーク株式市場での株価暴落にはじまった世界恐慌は、日本にも波及し、昭和恐慌といわれる深刻な不況をもたらしていた。多くの国民、とりわけ農民は貧困にあえぎ悲惨な状況だった。1931年には東北地方を中心に大凶作となったことが、不況に追い打ちをかけることになる。

幣原外交は、権益を放棄する方針ではなかった。むしろ情勢によっては中国での勢力拡大をめざすものだった。ただし、露骨な干渉政策はかえって損だという計算があった。イギリスやアメリカとの協調を保ちながら、外交戦術で中国での権益を維持するのが得策とする考えである。

それに対して、印象的なことばを用い、敵味方をはっきりさせ

ワシントン会議
1921
1923
関東大震災

て威勢のよい対応策を求める松岡の方が、気分の沈んでいる国民には魅力的だった。**中村大尉事件**や**万宝山《まんぽうざん》事件**があいついでおこり、決然とした強硬策を求める声はさらに大きくなっていった。

陰謀の構図

日本の租借地・勢力圏であった遼東半島と南満州に駐屯する日本軍（関東軍）は危機感を強めていた。北伐（23参照）の成功により中国は本格的に列国の利権を回収しはじめた。焦るあまり満州を支配する張作霖を暗殺したため、息子の張学良を離反させてしまった。国内では、政党内閣が続き、政友会と民政党は醜い政争にあけくれていた。これでは強力な軍事方針など望むべくもない。

関東軍の参謀であった板垣征四郎《いたがきせいしろう》と石原莞爾《いしわらかんじ》は状況打開には思い切った行動が必要だと考えた。彼らの作戦はこうだ。謀略によって中国と戦争をはじめる。こうしてむりやり戦時体制にする。その後、軍部を中心とした政権を樹立して日本を改造する。満州を領有し国力をつけ、ソ連との対決・植民地拡大と軍国体制強化をめざすものだった。

1931年9月18日夜、奉天近郊の柳条湖《りゅうじょうこ》付近で、日本が運営する満鉄の線路が爆破されているのが発見された。関東軍はこれを中国軍の行為と断定し、翌日には大規模な軍事行動を開始した。鉄道を爆破したのはほかならぬ関東軍であった。

当初、若槻礼次郎首相をはじめ、閣僚は軍の暴走に毅然とした対応をした。19日の緊急閣議では、南次郎陸軍大臣も了承して事件の不拡大方針が決定され、天皇の了承も得た。ところが事態はさらに展開した。日本の植民地だった朝鮮に駐留する朝鮮軍が国境を越えて満州での軍事行動を開始したのである。

これは重大な違法行為だった。明治憲法下では軍の指揮権は天皇がもっており、軍を国外に出すには天皇の命令が必要だった。

1926 北伐開始
1928 張作霖爆殺事件
1929 世界恐慌
1930 ロンドン軍縮会議
1931 満州事変

しかし、不拡大方針が貫徹されてしまえば、板垣と石原の計画はダメになってしまう。朝鮮軍司令官林《はやし》 銑十郎《せんじゅうろう》を説得し、独断出兵にふみきらせたのである。しかし、まだ何とかなった。大規模な軍事行動には当然費用がかかる。金を出すかどうかは内閣が決めることだ。幣原外相は軍の行動を厳しく批判し、不拡大方針の徹底を要求した。ところが、肝心の若槻首相が出兵を認める意向をしめした。「すでに出たものはいたしかたなきにあらずや」(出兵してしまったのだからしかたがないではないか)。結局、政府は朝鮮軍の行動を追認した。

■世論の支持

世論は関東軍の行動に熱狂した。線路の爆破は中国軍の暴挙と報道され、それを信じた。なにより、不景気でパッとしないなかにあって、久しぶりの派手なニュースだった。満州が日本のものになれば景気もよくなるはずだという期待もあった。ちなみに指揮者として世界的に活躍する小澤《おざわ》征爾《せいじ》氏は1935年に奉天で生まれたが、名前は板垣征四郎と石原莞爾にあやかっている。満州事変をくわだてた軍人は一躍ヒーローになったのである。

若槻首相が軍の行動を追認した理由は、このあたりにありそうだ。テロの犠牲になった浜口雄幸の後任としてふたたび首相となった若槻だったが、政局運営は困難をきわめた。足下の民政党は一枚岩ではなかった。政党批判と軍への支持が高まるなか、野党政友会と大連立をすべきだという声があがった。井上準之助大蔵大臣は世界恐慌が深刻化しているにもかかわらず金輸出解禁政策(24参照)を撤回せず批判の的になっていた。幣原外務大臣は原則論にこだわり、事態に柔軟に対応しなかった。前年に政治生命をかけてロンドン海軍軍縮条約を締結した若槻に軍の暴走を身を挺して止めるエネルギーは残っていなかった。

ワシントン会議
1921
1923
関東大震災

太平洋戦争への道は単線的なものではなく、満州事変後も戦争回避に向けての努力はおこなわれたが、この事件が大きな転機になったことはまちがいない。世界的な景気後退、政治のリーダーシップの欠如などが重なったことも不幸であった。

日本の戦争は「侵略」ではなかったとかたくなに主張する俗論が繰り返されている。しかし、戦争の端緒になった満州事変の軍事行動が、閣議決定を無視し、当時は絶対的であった天皇大権を無視したものであったことは否定できない。対外的に正当化できるかどうかの前に、満州事変は明治憲法体制下での違法行為によって展開されたのである。くわえて、虚偽の情報しか知りえなかったとはいえ、不況に苦しむ不満を無謀な軍事行動を喝采することで晴らそうとした国民の責任も忘れてはなるまい。不完全とはいえ、選挙で選ばれる衆議院の二大政党の党首が交代で首相になる政党政治が実現していた時期であったことを思えば、なおさらその点は強調してもよいのではないか。軍の暴走を許した国民意識の暴走こそ、最大の悲劇であった。

■

◎**満蒙**＝満州と内《ない》蒙古。日露戦争後、日本は南満州を勢力圏としたが、1912年の第3次日露協約で内蒙古西部までが日本の勢力圏となった。

◎**中村大尉事件**＝1931年6月、満州の大興安嶺《だいこうあんれい》付近を密偵中の中村震太郎《しんたろう》大尉が張学良配下の軍隊に殺害された事件。日本の世論は沸騰し、事態を重くみた中国側が中村大尉殺害を認めたのは、満州事変直前の9月18日だった。

◎**万宝山事件**＝1931年7月、長春北方の万宝山の朝鮮人農民と中国人農民の衝突事件。中国と日本の警察も衝突し、朝鮮半島では報復として中国人排斥事件がおきた。当時は日本国籍だった在満州朝鮮人問題は日中間の外交懸案だった。

◉**さらに学びたい人のために▶▶▶**川田稔『満州事変と政党政治』講談社、2010年。

27 国を焦土にしても

【孤立は避けられたのか？】

■リットン調査団

満州事変勃発時、外務大臣は国際協調派の外交官として世界から信頼されていた幣原喜重郎だった。アメリカやイギリスは、幣原ならば軍部の暴走を止められるかもしれないと期待し、日本を刺激しないように静観した。

国際平和の維持を目的としてつくられた国際連盟では、大国からの圧力に苦しむ小国を中心に日本への批判が強まっていた。日本は連盟の理事国であり、この際、堂々と満州事変は自衛行動であると主張した方がよい。ヨーロッパに駐在する外交官たちはそう考えはじめた。ところが、幣原は、満州事変は日中二国間の問題であるため、他国の干渉によってかえって事態が悪化するとして、連盟での解決を拒否する姿勢を崩さなかった。日本のかたくなな対応に手を焼いた連盟は、時間かせぎの意味もあって、調査団の派遣を提案してはどうかと日本にもちかけた。その結果、1931（昭和6）年12月10日、日本の要請という形式で調査団派遣が決定された。しかしその翌日、若槻内閣が総辞職してしまい、幣原外交を軟弱と批判してきた政友会の犬養毅内閣が発足し、新内閣は軍の満蒙地域の分離独立方針を認めてしまったのである。

連盟は、イギリスの元ベンガル総督リットン伯爵を団長とする英仏伊独米五ヵ国の代表からなる調査団を派遣し、1932年2月末東京に到着し調査を開始した。ところが、満蒙占領を既成事実にしたい日本軍は、清のラスト・エンペラー**溥儀《ふぎ》**を迎えて、3月1日に日本の傀儡《かいらい》国家「満州国」建国を宣言させた。犬養首相が

ワシントン会議
1921
1923
関東大震災

五・一五事件で暗殺され、非政党内閣の斎藤実《まこと》内閣が成立するなど騒然とした状況のなか、8月には内田康哉《やすや》外相が、衆議院で日本の行動が正当で適法であることを「国を焦土にしても」主張すると大見得をきってしまった。

リットン調査団は7月まで中国、「満州国」、日本で調査をおこない、10月に報告書を公表した。日本の自衛行動という主張は退けられ、「満州国」も認めなかったものの、中国側の反日行動も批判し、満蒙地域に自治政府をつくり国際管理することを提案する内容だった。日本との決定的関係悪化を避けたいイギリス・フランス・アメリカの意向が反映されており、満蒙が日本の特殊権益であることを認める日本に有利な解決策といえた。

■松岡洋右の作戦

日本への配慮に満ちたリットン報告書も、日満議定書により「満州国」を承認していた日本には受け入れがたい内容だった。連盟で一発逆転できるのか。厳しい国際会議外交の舵取りをまかされたのは、「満蒙は日本の生命線」と訴える元外交官松岡洋右だ。

松岡は、ジュネーブの連盟会議場に着くやいなや大演説をおこなった。

> **欧米諸国は20世紀の日本を十字架上に磔刑に処しようとしているが、イエスが後世においてようやく理解された如く、日本の正当性は必ず後に明らかになるだろう**

松岡もちまえのパフォーマンス力の発揮だった。日本の方針は国際連盟にとどまることだった。強気の姿勢を示せば連盟も妥協に転じるだろうと考え、あえて強面を演じるのが日本の作戦である。国内ではテロ事件があいつぎ、国際協調派の人物が凶弾に倒れていた。軟弱と思われると内閣が倒れるか軍部がクーデターを起こすかが心配される世相で、外交政策の選択肢は限られていた

といってよい。

松岡は苦学してアメリカ留学を経た人物で、いわば立志伝中の自信家だった。弱気をみせてはつけいられるというのが、経験から学んだ信念だった。

連盟の結論は、日本のみの否決と日本の圧力をおもんばかったタイの棄権を除く賛成でリットン報告書を認めるものだった。ここにいたって松岡は連盟脱退を宣言せざるを得なくなった。日本ではマスコミが松岡代表の「堂々たる退場」ともてはやした。

松岡は連盟脱退を宣言したものの、会議場を出ながら「失敗だった」とつぶやいた。明治維新以来、文明国標準を目標に欧米諸国との協調を重視した日本外交は、ここに転機を迎えることになる。

■協調のための脱退論

ふつう、満州事変とその対応をめぐる対外政策の変化をもって、日本は戦争への道を歩みだしたとされる。1937（昭和12）年の日中戦争、1941年の太平洋戦争への道はこのときはじまったという解釈である。いわゆる「十五年戦争史観」だ。

一方、日中間の停戦を約した1933年の塘沽《タンクー》停戦協定をもって満州事変はとりあえずの解決をみたこともあり、失敗したとはいえ、その後の国際協調への復帰をめざす日本外交の動きに着目する解釈もある。この文脈から日本の国際連盟脱退は国際協調のためにおこなわれたとする議論がある。つまり、連盟脱退は、連盟の制約をうけずに中国に権益をもつ列強国間だけの妥協策を探るためのものだったというのだ。

こうした解釈は重要である。1930年代はじめの日本は、世界恐慌からいち早く脱出して景気回復に成功した。輸出攻勢をかけたため東南アジアを植民地支配する西欧諸国やオーストラリアな

ワシントン会議
1921
1923
関東大震災

どとの貿易紛争に発展するが、そのための外交交渉は国際的孤立を避けるために関係を維持する意味もあった。また、日本国内は軍国主義の影がさしてはいたが明るかった。選挙では無産（社会主義）政党が議席を増やしており、街には最新のファッションに身を包んだモボ・モガ（モダンボーイ・モダンガール）が闊歩《かっぽ》していたのだ。1930年代の日本外交の可能性と民主化進展の意義を軽視することはできないのである。

他方で、日本の対外政策が八方ふさがりだったことも事実だ。そもそも、中国領で軍事行動を起こして占領した区域に勝手に国をつくってそれを承認してしまうという自作自演は、誰がみても横暴なやりかたである。中国共産党との対決を優先して日本との妥協を探る中華民国はもちろん、景気回復に四苦八苦する欧米諸国も「満州国」を容認することには抵抗した。一時的なものと思われていたとはいえ、犬養首相の暗殺により、政党政治は停止し、政友会と民政党はあいかわらず非難合戦を繰り返していた。貧富の差は解消されず、不満の蓄積と不安からの逃避は「エログロナンセンス」な社会のゆるみをとめどないものにしつつあった。

日本も中国も欧米列強も、不安におびえつつ現状を維持するための「必死の代案」を求めて外交戦を繰り返すことになる。

■

◎**溥儀**＝清国第12代皇帝。1912年、辛亥革命で退位、1925年以降、天津の日本租界に滞在。満州国執政から皇帝に即位。1950年に中華人民共和国政府に収監され、59年釈放。

◉**さらに学びたい人のために▶▶▶**井上寿一『昭和史の逆説』新潮社、2008年。

1926 北伐開始
1928 張作霖爆殺事件
1929 世界恐慌
1930 ロンドン軍縮会議
1931 満州事変

第４部 敗戦と2度目の開国

昭和天皇とマッカーサー

経済不況と政治の堕落。

追いつめられた日本が選んだのは戦争だった。

選択は失敗して悲惨な結末を迎える。

敗戦国日本は、２度目の開国を

行わざるを得なくなった。

戦争の混乱から日本はどのように立ち上がったのか。

28 オーストラリアのホンネ
【親善外交の限界】

■高橋財政

愛嬌のある丸顔から「ダルマさん」と呼ばれた高橋是清《これきよ》は、当代きっての財政通であった。昭和恐慌が深刻化するなか、すでに引退していたが、犬養毅内閣の蔵相に就任した。高橋は、浜口・若槻内閣の井上準之助蔵相の政策を転換し、金輸出再禁止にふみきり、円安に誘導、軍事費を含む政府支出の拡大により、世界で最も早く不況脱出を成功させた。円安が幸いして、主として日本の綿製品がアジア各地に大量に輸出されたことが景気回復の要因となった。また、満州事変以降の軍事費増加も景気刺激策として認め、軍需産業と結びついた**新興財閥**が出現した。

長谷川町子のマンガ「サザエさん」一家は戦前の中流家庭がモデルといわれる。デパートに家族で盛装して出かけ、洋食をレストランで食べるのを大喜びする子どもたち。あれは、昭和初期の都会の風景なのだ。1930年代は、軍国主義の暗い時代と考えられがちだが、少なくとも都市の中流以上の人々にとっては、景気が回復して市民文化が開花した明るい時代であった。

一方で、重い課題も山積していた。国際協調外交は限界を迎え、「満州国」問題で日本は世界から孤立しつつあった。しかも高橋財政以降、軍事費は激増した。貧富の差は拡大し、農村の困窮と華やかな都市文化の格差は、資本主義・自由主義への怒りとなって沈殿していった。また、日本の輸出攻勢の結果、経済摩擦が激化し、景気回復のためにイギリスやフランスなどの植民地帝国は閉鎖的な経済体制に向かいつつあった。

日中戦争 1937
第二次世界大戦 1939
真珠湾攻撃 1941 太平洋戦争
ポツダム宣言受諾 1945

犬養首相が青年将校のテロに倒れたのち、穏健な海軍軍人であった斎藤実《まこと》、続いて岡田啓介が首相になった。高橋は、岡田内閣のはじめを除き（藤井真信《さだのぶ》蔵相は病気で退任）蔵相をつとめたが、景気回復後はインフレ抑制のために軍事費削減をめざした。これが一因となり、1936（昭和11）年2月26日、陸軍のクーデターで暗殺された（二・二六事件）。

▩経済外交

欧米諸国の製品にくらべて安価であった日本製品は、アジア地域に展開する**華僑《かきょう》・印僑《いんきょう》**の貿易・商業網にのって販売された。「ブロック経済をめざす欧米列強は日本を排除しようとして、市場や資源を『持たざる』国である日本を追いつめた」という構図は、近年の研究で否定されている。植民地を支配する西欧諸国（宗主国）が植民地の通貨を高めに設定したのは利子や配当などの支払いの円滑化をはかるためで、日本製品の流入を拒絶していたわけではなく、日本との貿易交渉は失われた国際協調を取りもどす機会でもあった。その意味で、日本にも欧米列強にも、経済問題で交渉の窓口を開くのは好都合であった。

日印（英）会商（1933-1934）、日蘭会商（1934-1937）、日フィリピン（米）交渉（1934-1935）、日豪会商（1936）など、同時並行的におこなわれた経済外交は、厳しい交渉となりつつも、最終的には妥協点を見出して成立した。外務省にとって、経済問題をきっかけに関係が悪化した国々との意思疎通を深めることは重要であったし、軍部も経済が好調な方が軍事費を増やしやすく、将来のより大きな軍事行動の備えとなるため、貿易の安定は望むところであった。つまり1930年代前半に限れば、日本は国際協調外交に戻ろうとしており、経済的にも欧米諸国と互いに依存しあう関係だったのである。

ただし、当時の日本で、資源獲得先や製品販売市場としての植民地や広大な領土を「持てる国」の圧迫をうけているとさかんに唱えられたのも事実である。「持たざる国」という被害感情が経済上の利害勘定をうわまわって、強硬で無法な対外政策を正当化していったのである。

■同床異夢の親善

経済の実態と日本の軍事侵攻をめぐる国際政治の差はどのようなものであったのだろう。日本とオーストラリアの例から考えてみよう。

オーストラリアは厳格な非白人排除政策である白豪主義を国是としており、第一次世界大戦の折も、同盟国である日本の南方進出に抵抗した。オーストラリアを恨んでいるに違いない日本が、満州事変以降、軍事的・経済的攻勢を積極化した。経済不況にあえぐ本国イギリスは頼りにならない。危機感をもったオーストラリアは独自の外交を展開する決意をした。

1934年5月、オーストラリア副首相レイサムが親善のため来日した。孤立感を深めていた日本にとってもうれしい訪問だ。レイサム自身の言葉を借りれば「筆舌に尽くしがたい」ほどの歓迎振りだった。レイサムは広田弘毅《ひろたこうき》外相と会談し、日豪双方に敵意がないことを確認しあった。翌年には、答礼として前駐米大使の出《で》淵勝次《ぶちかつじ》がオーストラリアを訪問した。出淵は大歓迎され、政治家のなかには、日本が満州方面に進出することには異存がないと公言するものもいた。日本側は、オーストラリアとの親善は本国イギリスとの関係改善を補完するものと軽くとらえたが、オーストラリアにとって日本との親善は安全保障上の重大問題だった。親善交換にもかかわらず、1936年に日豪間に貿易紛争がおきたのは、こうした認識ギャップがあったからである。オーストラリアの関

1937 日中戦争
1939 第二次世界大戦
1941 真珠湾攻撃
1941 太平洋戦争
1945 ポツダム宣言受諾

税引き上げに日本も厳しい対抗策でのぞんだ。日豪双方が相手の意外な強硬姿勢に驚き、日豪会商を成立させることで何とか決着をみることになった。

日豪間のこのエピソードから、経済の論理の外で安全保障問題が日本の外交環境を悪化させていたことがわかる。日本が侵略姿勢をあらためない限り、本当の親善は困難であった。満州侵略を容認するような好意的なオーストラリアのホンネは、日本への恐怖と嫌悪だったのである。相互依存関係を高める経済外交で実績を積み上げ、一刻も早く正常な国際協調外交に戻ること、これが日本外交最大の課題であった。この時期に外交を主導した広田弘《ひろ》毅《き》外相は、「満州国」を黙認してくれれば日本は中国と積極的に協力するという方針を掲げて（広田三原則）、日中関係の打開策を探ったが、結局軍部の暴走を抑えきれなかった。1937年7月、ついに日本と中国は全面戦争に突入する。もはや「経済外交」のレベルでは日本の破綻的侵略を止められない状況になっていくのである。

■

◎**新興財閥**＝満州事変後に生まれた財閥。日産・日窒《にっちつ》・森・日曹《にっそう》・理研などのことで重化学工業中心だった。

◎**華僑・印僑**＝海外に移住した中国人・インド人。世界中に展開し、強力なネットワークをもつ。

◉**さらに学びたい人のために▶▶▶**秋田茂・籠谷直人編『1930年代のアジア国際秩序』溪水社、2001年。

1947 トルーマン・ドクトリン
1949 中華人民共和国成立
1951 サンフランシスコ平和条約・日米安全保障条約調印

29 決められない政治の結末
【日中全面戦争へ】

■近衛文麿の登場

1936（昭和11）年2月26日、雪の帝都東京で陸軍の部隊がクーデターを決行した。軍部の暴走に批判的だった斎藤実《まこと》内大臣・高橋是清大蔵大臣が殺害され、鈴木貫太郎《かんたろう》侍従長は重傷、岡田啓介《けいすけ》首相は奇跡的に官邸脱出に成功し難を逃れた。東京の中心部は反乱軍が占拠した。信頼する重臣たちが襲われた昭和天皇は激昂した。事態を利用して軍部政権樹立を期待していた陸軍上層部を叱責し、みずから近衛兵を率いて鎮圧するとまで言った。その結果、反乱軍鎮圧方針が決定し、クーデターは失敗した。

これだけの不始末をしたにもかかわらず、軍の権力は弱まらなかった。広田弘毅新内閣に介入し、軍事を中心とした国家体制づくりのための統制を強め、日独防共協定締結（1936年11月）を実現させた。1937年に2月に広田内閣が総辞職し、陸軍大将の林《はやし》銑十郎《せんじゅうろう》が組閣したが政党との対立が激化し短命に終わった。政治は完全にいきづまった。

元老西園寺公望は、「最後の切り札」として近衛《このえ》文麿《ふみまろ》公爵を推薦し、1937年6月に近衛内閣が発足した。近衛は、筆頭摂関家の当主であり、京都帝国大学に学んだ秀才で、容姿端麗、貴公子というにふさわしい人物で国民の人気も高かった。青年時代は社会主義に傾倒した知識人でありながら気さくな一面もあり、休暇には颯爽とゴルフを楽しむとくれば女性から騒がれるのも当然で、近衛はまるで芸能人のようにもてはやされながら、政治の難局にあたることになった。

▩日中全面戦争へ

近衛内閣の誕生間もない1937年7月7日、北京郊外の盧溝橋《ろこうきょう》付近で演習中の日本軍は、発砲をうけたとして中国軍との戦闘に突入した。北清事変後の北京議定書によって駐屯が認められていた約5000名の支那駐屯軍は戦闘規模を拡大した。内閣は不拡大方針を決定したが、中国軍の動きを警戒して日本軍の増派を認めてしまう。いったん停戦協定が結ばれたが、翌月には上海で日中両軍が戦闘に突入した（上海事変）。ここにいたって戦争は中国全域に拡大し、いわゆる「支那事変」は日中全面戦争に発展していった。

日本も中国も宣戦布告をせず「事変」と称したのには理由があった。戦争になれば、アメリカの中立法が適用され、軍需品の支援が止まってしまうからであった。また、日本は9ヵ国条約違反・不戦条約違反に問われてしまう。よって、1941年12月の日米開戦まで、事変のまま戦闘が続けられた。

ところで、ふつう、戦争を止めようとした政府と暴走した軍部と対比されがちだが、事態を悪化させたのはむしろ近衛内閣であった。日本との関係を深めつつあったドイツ・ナチス政権は、中国に武器輸出をしており、日中戦争の拡大を望まなかった。駐中ドイツ大使トラウトマンは日中の和平工作をおこないはじめた。参謀本部（陸軍）は、ソ連に対する戦略から日中戦争の拡大を望んでいなかった。1937年12月には中国の首都**南京が陥落**して戦争は一つの区切りを迎えた。つまり、日中戦争を早期に終結させる機会はいろいろあったといえる。

しかし、近衛は、情勢の変化に右往左往して、時には和平を支持したり、時には強硬論を唱えたりと決意が定まらなかった。南京陥落で強気になったこともあり、和平条件をつり上げて事実上和平交渉を打ち切ってしまい、あろうことか「国民政府を対手《あいて》と

1947 トルーマン・ドクトリン
1949 中華人民共和国成立
1951 サンフランシスコ平和条約・日米安全保障条約調印

せず」（第一次近衛声明）という声明まで出してしまった（1938年1月）。戦争をしている相手国の政府を無視すると宣言しては和平交渉などできるはずはない。また、これまでの東アジアの国際秩序を否定し、欧米のアジア支配からの解放のために日本・「満州国」・中国が連携して新しい秩序をつくるとする東亜新秩序論を打ち出した（第二次近衛声明）（1938年11月）。これに呼応するかたちで、日本との和平を希望していた汪兆銘《おうちょうめい》が国民政府の根拠地重《じゅう》慶《けい》から脱出すると、第三次近衛声明を出して、「満州国」の承認や要地への日本軍駐留・日本の全面的経済進出を条件に和平を進めることを宣言した。これら一連の諸策は、政府や軍部が意思統一をしてうちだしたものではなかったうえ、その結果に対する慎重な考慮もなかった。

内約した日本軍の2年以内の撤兵に触れていなかったとはいえ、汪兆銘は第三次近衛声明にわずかな望みを託して日本と手を結んだ。裏切り者になることを承知での決断だった。しかし、汪兆銘は絶望することになる。汪兆銘を引き出した近衛内閣は、1939年1月総辞職してしまうのである。

■近衛の主観

日本の予想に反して中国の抵抗は続き、日中戦争は長期化した。日本社会は戦時色が濃厚になり、**国家総動員**体制が本格的に確立されていく。日中戦争を終わらせるためには資源が必要であり、そのためには欧米列強が支配する東南アジアへの侵略が必要となった。戦争を終わらせるために次の戦争をおこなうという、客観的に考えればありえないような議論が現れ、日本は最悪のコースを歩んでいくことになる。

近衛は、1940年7月にふたたび首相となった。日本軍はインドシナ半島（**仏印**《ふついん》）の北部に進駐し、日独伊三国同盟を締結して、

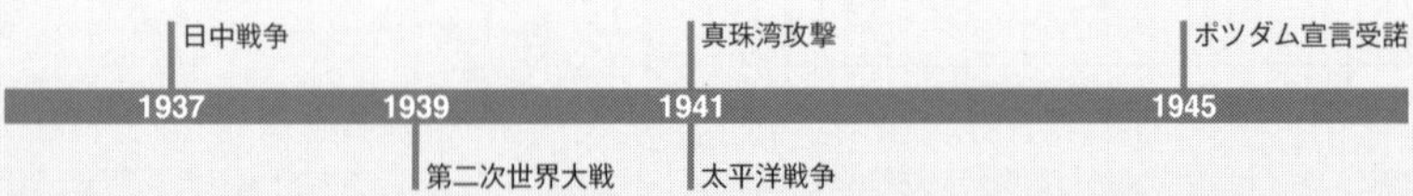

アメリカやイギリスとの関係は極度に悪化していった。1941年7月には南部仏印進駐を断行し、アメリカの対日石油輸出全面禁止制裁措置が発動されて日本は追いつめられていった。ついに、9月6日の御前《ごぜん》会議で、外交交渉がうまくいかなければイギリス・アメリカ・オランダと開戦する方針が決まった。近衛はルーズベルト大統領と直接会談するという奇策を打診したが、アメリカに拒否された。最悪の状況をどうするのか。近衛は決断のときを迎えるが、ここでも政権を投げ出してしまった。

近衛は、戦後に戦犯に指名されて服毒自殺した。近衛の主観では軍部に抵抗して戦争回避の努力をしたのに、なぜ戦犯になるのか理解に苦しんだ。事実、近衛は積極的に戦争をはじめたわけではない。一方で、重大な局面で首相として断固とした決断はおこなわず、まわりの雰囲気に流されてズルズルと事態を悪化させ、肝心なところで逃げ出してしまった。世論に敏感で頭脳明晰であっただけに、その場限りの対応に終始し、みずから責任を負うことを避けたのである。「決められない」政治家近衛の責任はやはり重いといわざるを得ない。

■

◎**南京陥落**＝1937年12月に南京は陥落し、この際一般市民と中国兵の区別をつけず虐殺がおこなわれた。南京虐殺がなかったとする説は学術的議論を無視した暴論である。一部の論者は、中国側の提示する資料に疑いがあることを強調するが、それは虐殺がなかったことの証明にはならない。虐殺数に関しては数万人というのが、もっとも妥当な説といえるが、結論はでていない。

◎**国家総動員**＝1938年、国家総動員法が制定され、勅令によって国防のための広範囲な統制を可能にした。

◎**仏印**＝フランス領インドシナ。1940年6月、ドイツ軍侵攻によりパリが陥落し、親ドイツのヴィシー政権が成立した。日本はヴィシー政権の了解のもと、中国への支援ルートを遮断するため、仏印に進駐した。

◉**さらに学びたい人のために▶▶▶**筒井清忠『近衛文麿』岩波現代文庫、2009年。

1947 トルーマン・ドクトリン
1949 中華人民共和国成立
1951 サンフランシスコ平和条約・日米安全保障条約調印

30 大　東　亜　共　栄　圏

【アジアと日本】

■アジア主義

いうまでもなく日本はアジア地域にある。しかし、明治維新以来、日本の国家目標は西洋文明化であった。つまり、アジアから脱し（脱亜《だつあ》）、欧米諸国と国際的に同じ地位に立つこと（入欧《にゅうおう》）が目標だった。1885年に福沢諭吉が書いたとされる「脱亜論」は、日本のアジア侵略を支える思想になったともいわれる。たしかに福沢は中国や朝鮮を見下したが、関係を断てといったのだ。日本は欧米諸国と同じ視点でアジアに接すればよいとの主張である。

一方、アジア諸国が連帯して欧米諸国の帝国主義に対抗すべきだとする思想もあった。いわゆるアジア主義である。西洋の侵略に苦しむアジア諸地域と日本が手をたずさえてともに繁栄しようというのだ。すばらしい理想だと思われる方も多いだろう。ただし、なぜ日本が主導しなければならないのかということを考えてほしい。そこには、日本が優越しているという前提があり、理想を実現するのだから他国に介入してもかまわないだろうという「善意の押しつけ」がある。国際関係において、善意はやっかいだ。善意からしていると思っている側は反省をしないし、相手が善意を受けないと逆上してしまうからだ。

日本とアジアの関係を考えるとき、福沢のような欧米追随論（国際協調主義）と、善意から出たアジア主義では、アジア諸地域にとってどちらが迷惑だったかは簡単に判断できない難しい問題なのである。くわえて、歴史の現実を振り返れば、欧米の支配からアジアを解放することを掲げた「大東亜共栄圏」のほうが被害

1937 日中戦争
1939 第二次世界大戦
1941 真珠湾攻撃／太平洋戦争
1945 ポツダム宣言受諾

をもたらしたのである。帝国主義の論理でアジアでの権益を広げようとした国際協調主義の方がよかったとはいえないにしても、結果的に大東亜共栄圏より害が小さかったことは事実である。

1941年12月8日、ハワイ真珠湾を奇襲攻撃した日本は、アメリカ・イギリスに宣戦布告した。この戦争は「**大東亜戦争**」と呼ぶことになった。大東亜戦争では、欧米帝国の植民地支配を批判して「大東亜共栄圏」を建設するとされた。中国を侵略して勝手に「満州国」までつくっておいて、「共栄」もなにもあったものではないが、日本にも言い分はあった。

明治維新以来、日本は「文明国標準」をめざして努力した。その結果、日本が力をつけると黄禍論（⑫参照）が唱えられ危険視された。また、日本人移民がまじめに働くと経済上だけではなく人種差別的なやりかたで排斥された（⑰参照）。白人文明のレベルに近づかなければ対等に扱わないと言っておきながら、実際に近づくと、人種が違う・ルールの変更があった（たとえば「新外交」）といって、いつまでも日本を見下すのだ。

もちろん、戦争や侵略が合理的な選択だったとはいえない。ただし、日本社会のなかには、西洋文明（白人）へのあこがれの裏返しとしての嫌悪やいらつきが蓄積されており、「鬼畜米英《きちくべいえい》」というスローガンに快哉を叫びたい衝動があったといえる。

■「共栄」の実態

「大東亜戦争」での日本軍は、西太平洋のほぼ全域（中国沿岸部・インドシナ半島・インドネシア・フィリピン・ニューギニア）を占領下においた。東南アジア地域では植民地支配からの独立の気運が高まっており、日本への期待をもつ者もいた。日本側も、占領地域の独立運動勢力を取りこめば進出が正当化できると期待した。しかし、双方とも期待は裏切られた。日本の進出は暴力と略

1947 トルーマン・ドクトリン
1949 中華人民共和国成立
1951 サンフランシスコ平和条約・日米安全保障条約調印

奪を伴い、欧米諸国の支配より過酷だった。日本は、新占領地の人々は独立や自治ばかり求めて、「聖戦」に最大限の協力をしてくれないことにいらだった。戦況が悪化するにつれて、日本への期待はしぼみ、焦る日本は一層の強圧をくわえ、さらにアジアの人々が日本から離心していくという悪循環がはじまった。学校では、東京の方をむいて宮城遙拝《きゅうじょうようはい》（皇居の方角に向かって拝礼させること）をさせ、日本語を教えて、失敗をすると容赦なく平手打ち（ビンタ）された。手をたずさえるといいつつ、日本人は傲慢だった。その根底には、アジア主義といいながら、結局、西洋文明化が進んでいるから日本はすぐれているという意識があった。大東亜共栄圏は、西洋文明への対抗概念というより、むしろその「鬼子」だったのかもしれない。

■大東亜会議

1943年11月、日本政府の招きで、日本が占領する各地域の政府代表者が東京にあつまった。汪兆銘（中華民国）、張景恵《ちょうけいけい》（満州国）、ラウレル（フィリピン）、バー・モー（ビルマ）、ワンワイタヤーコーン（タイ）、チャンドラ・ボース（自由インド仮政府）など、日本の支配下で権力をえた政治家たちだ。ボースはイギリスの支配に抵抗し国をおわれていたが、日本は自由インド仮政府を支援することで植民地解放という戦争目的を宣伝できた。

東条首相は、戦況が好転せず、しだいに自分への批判が高まっていることに焦りを感じていた。よって、世界に向けて戦争の大義を示す機会として大東亜会議を非常に重視した。完璧主義の東条は、代表の泊まる部屋の電灯まで点検したという。共栄圏の盟主である日本の設備が不良では沽券《こけん》にかかわるということだろう。

大東亜各国は相連携して大東亜戦争を完遂し、大東亜を米英の桎《しっ》梏《こく》より解放して、その自尊自衛を全《まっと》うし、左の綱領に基き大東亜

を建設し、以て世界平和の確立に寄与せんことを期す

会議はこうした宣言をだして一応の格好がついたが、本当の問題は、ホテルの電灯がつくかどうかではなく、アジアの人々の日本への期待の灯火《ともしび》をとり戻せるかどうかだった。もちろん、一片の宣言では現実は何も変わらず、国際世界は大東亜会議を無視した。

ただし、会議にまったく別の意味を見いだした人物もいた。東条内閣の外相だった重光葵《しげみつまもる》である。重光は、もはや日本の敗戦は避けられず、敗戦後に大東亜戦争の意義を証明できる事例が必要になると考えた。外交官として、敗戦処理のゆくえを心配したうえでのことだった。戦果や現実はともかく、戦争の理念はまちがっておらず、アジア地域が立ち上がり、その中心に日本がいることを重視するのは、重光の信念だった。

大東亜共栄圏は、国内外に言語に尽くしがたい悲劇をもたらしただけで失敗に終わった。しかし、敗戦から11年後、民主化された日本で戦犯から復帰してふたたび外相になっていた重光は、日本の国際連合加盟を記念する演説で次のように高らかと述べたのである。

日本はアジア諸国とは、政治上もちろん経済上においても唇歯輔《しんしほ》車《しゃ》の（互いに助け合う）関係にあり、かつ不可分の運命の下にあって、これら諸国の向上発展に大なる期待をかけているのであります。

アジア地域の共栄とは何か。今に続く日本外交の課題である。

■

◎**大東亜戦争**＝1941年12月の対米英開戦以降、日本は「支那事変」も含めて「大東亜戦争」と呼称した。太平洋戦争は、戦後に定着した呼称である。本書では、アジア地域での戦争も含める意味で、客観的呼称としては「アジア太平洋戦争」を用いる。
◉**さらに学びたい人のために▶▶▶**深田祐介『黎明の世紀』文藝春秋、1994年。

1947 トルーマン・ドクトリン
1949 中華人民共和国成立
1951 サンフランシスコ平和条約・日米安全保障条約調印

31 聖断

〖敗北のとき〗

■戦況の悪化

「大東亜戦争」開始後、しばらくは日本の快進撃が続いた。太平洋の西半分、東南アジア全域は日本の支配下におかれた。しかし、1942(昭和17)年6月、ミッドウェー海戦での壊滅的な敗北により、日本の制海権ははやくも危うくなった。アメリカはヨーロッパ戦線を優先させると同時に、日本の戦線が拡大しすぎて防御できなくなるのを待っていたのである。島国の日本は物資や人員の輸送に必ず船舶を用いなければならず、制海権の喪失は致命的な打撃だった。

東条英機首相は指導力強化のため、陸軍大臣と**参謀総長**を兼任したが、分権的権力構造を統合することはできず、戦況は悪化し続けた。1944年6月、サイパン島が陥落すると、日本本土各地への爆撃がはじまり、敗色が濃厚になった。東条内閣はついに退陣した。

国際環境も悪化した。1944年6月、ノルマンディー作戦がはじまってフランスはナチスの支配から解放され、ソ連軍もドイツを西に押し返していた。1941年の日ソ中立条約により連合国側で日本と敵対していなかったソ連も敵意をあらわにするようになった。

戦場では「玉砕」といわれる絶望的な抵抗をしつつ、日本兵は弾薬も食糧も尽きて死んでいった。銃後とされた日本本土も、主要都市は空襲にあった。木造建築中心の町並みは、焼夷弾で焼きつくされ廃墟となり、非戦闘員の市民が死んだ。生産力は著しく

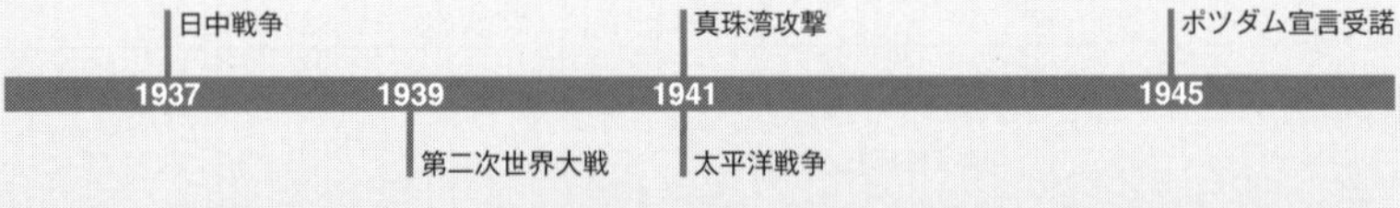

低下し、国民生活は完全に破綻した。日本の支配地域では、人員・物資の徴用が続き、現地の人々の生活が破壊された。大東亜共栄圏は、あまりにも理想と現実がかけはなれたものであった。

東条後の小磯国昭《こいそくにあき》内閣も事態を改善させることはできず、1945年4月には沖縄戦がはじまり、本土決戦が間近にせまった。このままいけば日本は滅びてしまう。ようやく終戦が最重要課題として宮中・軍・政府の共通認識となった。

終戦の決断はきわめて困難なことだった。本土決戦もやむを得ないとする軍部をどうやって説得するのか。軍首脳が納得しても、若手の軍人がクーデターを起こすかもしれない。そもそも終戦を語るだけで憲兵隊に拘束される状況だ。絶望的な状況で、重臣たちが首相として天皇にすすめたのは、海軍大将鈴木貫太郎だった。鈴木はすでに78歳、二・二六事件で襲撃されたが、気丈な妻タカがとどめを刺さないでほしいと頼んだため一命をとりとめた。ちなみに、タカは天皇の幼少教育を担当した保母だった。天皇はこの老宰相に日本の運命を託す決断をした。

「黙殺」

1945年5月、ベルリンが陥落しヒトラーは自殺した。ヨーロッパ戦線は連合国の勝利で終わった。2月のヤルタ会談で、個人的信頼関係ができていたアメリカのフランクリン・ルーズヴェルト大統領とソ連のスターリン首相は、第二次大戦後のヨーロッパの勢力分割など重要な密約を結んだ。ソ連の対日参戦が決まったのもこのときである。ところが、4月にルーズヴェルトが急死し、副大統領のトルーマンが昇格したことで、米ソ関係は転機をむかえる。

1945年7月、日本に無条件降伏を要求するため、ベルリン郊外のポツダムで米英ソ三国首脳会談が開かれた。密約の履行をせま

1947 トルーマン・ドクトリン
1949 中華人民共和国成立
1951 サンフランシスコ平和条約・日米安全保障条約調印

るスターリンに、トルーマンはソ連の勢力拡大の野望をみた。早く日本を降伏させなければ、東アジアでもソ連の勢力が拡大してしまう。ポツダム宣言には、微妙な表現があった。「日本軍の無条件降伏」という点だ。日本全体の降伏ではなく、軍隊以外ならば条件交渉がありうるとも読める。日本を追いつめすぎないためのメッセージだった。

ところが、鈴木貫太郎首相はポツダム宣言を「黙殺《もくさつ》」すると発表した。終戦することを条件に外相を引き受けていた東郷茂徳《とうごうしげのり》はショックだった。鈴木首相は本当に終戦する気があるのか。鈴木は終戦を決意していたが、うかつに意思表示すればクーデターが起きるかもしれない。一刻を争う危機的状況だからこそ、タイミングを見はからっていたのだ。

8月6日広島に、9日長崎に、**原子爆弾**が落とされた。その破壊力は想像を絶するものだった。また8日にはソ連軍が満州・南樺太に侵攻を開始した。もはや万事休す。

■聖断

8月10日午前2時、前夜から続く御前会議は、戦争継続か終戦かをめぐり堂々巡りの議論を繰り返していた。鈴木貫太郎はついに天皇の判断を仰いだ。不可侵にして政治的責任を負わないはずの天皇に判断を求めるのは、あってはならない異例の事態だった。

「(ポツダム宣言受諾という) 外務大臣の意見に賛成である」。天皇は、軍部の計画がずさんであること、このままでは日本民族が滅亡することを理由に、「忍びがたきを忍んで」終戦すべきだと述べた。

天皇が日本を統治するという国体に変更がないことを条件に無条件降伏を受け入れるという、いささか矛盾した政府決定が連合国側に伝えられた。これに対するアメリカの回答は、天皇は連合

国に「従属する」というものであった。ふたたび軍部は態度を硬くした。14日、天皇は2度目の聖断を下した。やはりポツダム宣言受諾という結論だった。

8月15日正午、重大放送があるとの発表があった。ラジオから流れてきたのは、大多数の日本人がはじめて耳にする緊張したかん高い声だった。雑音が多く何を言っているのかわかりにくかったが、その声の主が天皇であることには気づいた。「朕《ちん》」は天皇のみが使う一人称だ。

> **今後帝国ノ受クヘキ困難ハ固《もと》ヨリ尋常ニアラズ爾《なんじ》臣民ノ哀情モ朕善ク之ヲ知ル。然《しか》レトモ朕ハ時運ノ趨《おもむ》ク所耐ヘ難《がた》キヲ耐ヘ忍ヒ難キヲ忍ヒ以テ万世ノ為《ため》ニ太平ヲ開カムト欲ス**

敗戦を知った国民は泣いたと言われるが、実際の反応はさまざまだったようである。虚脱感におそわれた人も多かった。しかし、官庁のゴミ焼き場からは絶え間なく煙があがっていた。都合の悪い書類を燃やしていたのだ。明治以来築き上げてきた近代国家日本は崩壊しかかっていた。占領下でこの惨状から立ち上がらねばならない。終戦は幕末の開国を上回る混乱と外圧との戦いのはじまりであった。

■

◎**参謀総長**＝陸軍を指揮する参謀本部のトップで、天皇の統帥権を輔弼する。東条は、首相・陸相・参謀総長を兼務することで、政軍の一致をめざしたが、うまくいかなかった。

◎**原子爆弾**＝核分裂反応の際にでるエネルギーを利用した爆弾。アメリカでは1942年よりマンハッタン計画で原子爆弾開発を本格化させた。1945年7月に原爆実験に成功した。

●**さらに学びたい人のために▶▶▶**加藤聖文『「大日本帝国」崩壊』中央公論新社、2009年。

1947	1949	1951
トルーマン・ドクトリン	中華人民共和国成立	サンフランシスコ平和条約・日米安全保障条約調印

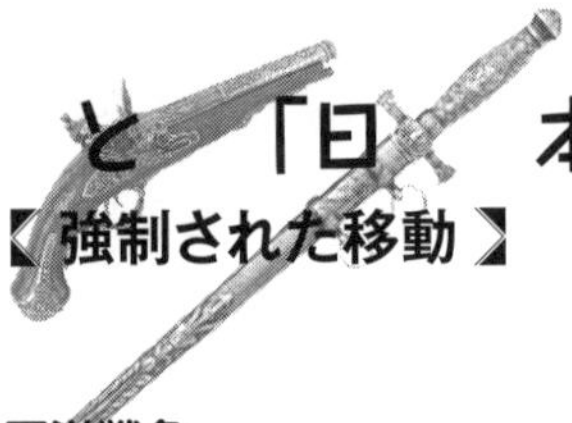

32 戦争と「日本人」

【強制された移動】

■日系アメリカ人の太平洋戦争

1941（昭和16）年12月8日、日本はついにアメリカと開戦した。その直後から、アメリカ合衆国の日系人は厳しい監視下におかれた。日系人がスパイ活動などをおこない、母国に協力するのではないかと疑われたからだ。翌年2月には大統領命令によって約12万人の日系人が内陸への強制移動を命じられた。最終的に日系人は11ヵ所の収容所に入れられ、厳しい制約のもとで生活することになる。同じ敵国でも、ドイツ人やイタリア人は集団で強制収容されておらず、人種差別的な措置でもあった。

アメリカへの移民は、日米紳士協定や排日移民法によって制限されており（17参照）、日米開戦時の日系人の7割はアメリカ生まれの2世であった。2世はアメリカの市民権をもち、日本語よりも英語を上手に話すことができるほどアメリカ社会に適応している人が多かった。それなのになぜ、自分たちが敵国人として強制収容されなければならないのか。日系人には理解できないアメリカの対応だった。

さらにアメリカ政府は、日系人にアメリカへの忠誠心にかんする調査をおこない、「アメリカの兵役につくか」「天皇への忠誠を拒絶するか」という質問の双方に「ノー」と答えたものを、いっそう厳しい条件の収容所に移した。一部には熱狂的な日本信奉者もいたが、多くの日系1世は老齢で日本国籍だったため、どちらの質問にもノーと答えるしかなかった。いまさら兵役につけないし、自分を日本人としてしか位置づけられなかったからである。

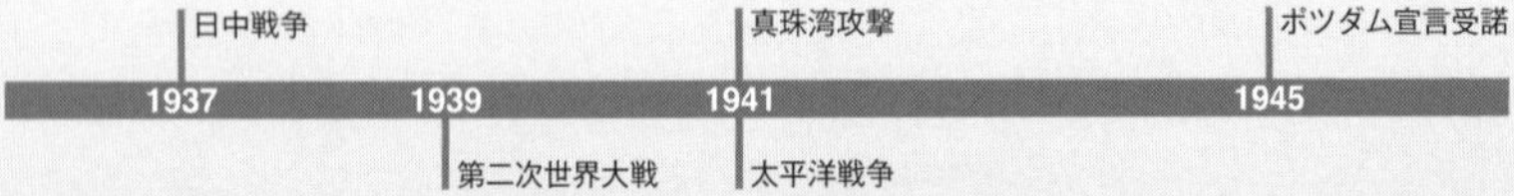

しかし、この調査は日系人の間に深刻な対立を生み、家族や友人との関係が崩れたケースもあった。

一方、2世のなかには、アメリカ兵となって戦うことで、日系人への信頼を回復しようと考えたものもいた。志願した日系人2世で編制された第442連隊は、アメリカ軍最強の部隊といわれるほどの戦果をあげた。日系人兵の立場は複雑だった。彼らはアメリカに忠誠を誓うこと、つまり「アメリカ人」になりきることで、「日本人」への信頼を高めたのである。また、白人のアメリカ兵以上に勇敢に戦うことは、賞賛されたとはいえ、やはり「日本人」集団は違うという目で見られることにもつながった。日系人、とくに2世の自分は何者なのかというアイデンティティの危機は、戦争で多大な犠牲を払っても解消されなかったといえる。

アメリカ政府が日系人の強制収容に対し公式に謝罪し、被害者に2万ドルの賠償を払ったのは、収容から半世紀近くたった1988(昭和63)年のことである。

■朝鮮半島の人々

望んだわけではないが、1910(明治43)年以降、日本に併合された朝鮮の人々も「日本人」であった。日本は朝鮮を軍政下におき、憲法を適用せず、戸籍も別にするという差別待遇をおこなった。また、経済発展が阻害され貧困にあえいでいた朝鮮の人々が、日本に出稼ぎ・移住することには否定的で、日本に住んでも「鮮人」と呼んで差別した。ところが、たとえば朝鮮国境近くの満州に住む朝鮮人に関しては、満州での勢力拡大に利用できるため、「日本人」の問題として介入したのである。

アジア太平洋戦争が激化するにつれ、働き手の男性の多くが徴兵されたため、労働力不足が問題になった。軍需工場などでは学徒の動員もおこなわれたが、労働環境が極度に悪かった炭鉱など

1947 トルーマン・ドクトリン
1949 中華人民共和国成立
1951 サンフランシスコ平和条約・日米安全保障条約調印

での労働力不足が深刻であった。そこで注目されたのが朝鮮人であった。「日本人」なのだからお国に尽くすのは当然だとされたのだ。当初は希望者を募る方法だったが、しだいに強制的に日本に連行するようになった。朝鮮人は、最悪の環境で厳しい労働を強いられたため、職場から逃走する者も多かった。その結果、連行はいっそう強化された。戦時中の朝鮮人動員は約70万人に及び、終戦時には約200万人の朝鮮人が日本内地にいたのである。

■引き揚げと脱植民地

終戦時、日本の植民地・占領地にいた「日本人」は、一般人約350万人、兵士が約320万人。兵士が強制的に各地に配置されたのはもちろんだが、一般人も自発的に移住・出稼ぎしたとはいえ、大きな枠組みでは国策にしたがって外地に出向いたのである。**日ソ中立条約**をやぶってソ連が侵攻した満州では、日本軍の幹部は先に撤退してしまい、一般人は略奪と暴行をうけた。人々はすべてを捨てて身ひとつで逃げたが、約65万人もの兵士（一般人も含む）が労働力として連行され、望郷の想いを胸に極北の地で亡くなった人は約5万5000人。それ以外の各地でも、「日本人」は財産を持ち帰ることは許されず、日本に送還された。

敗戦により、670万人をこえる人々が、日本に引き揚げ・復員した。戦争によって生産はほとんど止まり、米の不作も重なって、日本経済は完全に崩壊していた。日本政府は、内地にいた朝鮮人などの送還を最優先するように占領軍へ要請した。植民地が独立した場合、宗主国にいる植民地の人々は国籍選択の自由が与えられるのが一般的だが、日本政府は、朝鮮が解放されたのでもはや朝鮮人は「日本人」ではないとの立場をとった。食糧難という目前の危機もあったが、「日本人」におこなう戦時労働などへの補償の負担を減らしたいという思惑があったからである。ここでも

また、日本政府は、「日本人」という枠組みを都合よく使い分けた。一般に、日本は単一民族国家だといわれる。しかし、大日本帝国は、朝鮮半島や台湾を植民地とする多民族国家であった。「日本人」という枠組みは、そのときどきで変えられたのだ。

敗戦により、日本はすべての植民地を失った。また、終戦後の混乱のなか、植民地出身の「日本人」をうやむやのうちにその枠組みの外に追いやった。その結果、日本社会は、ほかの多くの植民地保有国が直面した問題から逃れることもできたといえる。脱植民地の問題だ。たとえば、イギリスは、1940～60年代にかけて、植民地独立問題に悩まされ、政治の混乱や経済の停滞を招いた。一方、そのなかで社会全体が植民地問題を考え、完全ではないにしろ、過去の清算に取り組もうとする気運が生まれた。日本は、こうした脱植民地をめぐる苦しみはほとんど経験せずにすんだ。だからこそ、現在の日本社会では当たり前のように日本は単一民族だと考えられ、在日韓国・朝鮮人問題に対しても元の「日本人」の問題だという意識は低いのではないか。また、アメリカの日系部隊のことも、勇敢な「日本人」の物語という文脈でとらえ、そのアイデンティティの危機に思いを寄せることが少ないのではないか。

「日本人」とは何か？　アジア太平洋戦争の歴史は、あらためてこのことをわれわれに問いかけているのである。

■

◎**日ソ中立条約**＝1941年に締結。日本とソ連それぞれが第三国と戦争した場合中立を守ることが約束された。有効期限は46年4月だったが、45年8月8日にソ連が条約を破って対日宣戦布告した。

◉**さらに学びたい人のために▶▶▶**外村大『朝鮮人強制連行』岩波新書、2012年。

1947 トルーマン・ドクトリン
1949 中華人民共和国成立
1951 サンフランシスコ平和条約・日米安全保障条約調印

33 ペリーの旗

【第二の開国のとき】

■占領政策

1945（昭和20）年9月2日、東京湾に停泊するアメリカ戦艦ミズーリ号上で、日本政府代表外務大臣重光葵《しげみつまもる》、日本軍代表参謀総長梅津美治郎《うめづよしじろう》が降伏文書に調印し、日本は独立を失った。ミズーリ号に掲げられたアメリカ国旗は2つあった。一つは真珠湾攻撃のときホワイトハウスに掲げられていたもの、いま一つは日米和親条約を調印したときにペリー提督が使用した旗だった。民主化と非軍国主義に向けて、日本をふたたび「文明化」するアメリカの意志を象徴するものだった。

アジア太平洋戦争において、日本はアジア地域を中心に甚大な人的・物的被害を与えたが、国内の損害も大きかった。働き盛りの多くの男たちは戦場で命を落とし、たび重なる空襲で主要都市は壊滅していた。船舶の多くも失われ、物資の輸送もままならなかった。営々と築いてきた近代国家日本は破滅の瀬戸際にあり、そこにアメリカが新生日本をつくるためにやってきたのである。幕末の開国の衝撃をこえる、まさに第二の開国だった。

連合国軍の最高司令官に任命されたのは、ダグラス・マッカーサーである。フィリピン総督の父をもつマッカーサーは、1942年3月、日本軍の猛攻をうけてフィリピンから脱出した。「私は必ず帰ってくる」（I shall return）と有名なことばを残したが、そのことばどおり、マッカーサーは日本の新しい支配者として帰ってきたのである。

ワシントンの極東委員会が最高政策決定機関であったが、実質

- 1937 日中戦争
- 1939 第二次世界大戦
- 1941 真珠湾攻撃／太平洋戦争
- 1945 ポツダム宣言受諾

はアメリカ軍によって構成された連合国軍最高司令官総司令部（GHQ）がアメリカ政府の意向をうけて日本を統治した。予想より早く日本が降伏したため、直接統治の準備ができず、GHQの指令を日本政府が実施する間接統治となった。日本政府は短期間だと考えていたが、1952（昭和27）年に独立を回復するまで6年半にも及ぶ占領となった。戦争を起こした日本に責任があるとはいえ、他国の国家主権を制限するという不正常な状態を長期間続けることは、アメリカにも重い負担だった。アメリカの占領方針への評価はさまざまだが、中途半端にせず、民主主義と非軍事化をしっかり押しつけたことが、日本占領が一定の成果をあげた要因であろう。改革は性急に断行された。戦犯容疑者の逮捕、治安維持法の廃止と共産主義者の釈放（人権指令）、婦人の解放・労働組合の奨励・学校教育の民主化・秘密警察の廃止・経済機構の民主化（五大改革指令）、財閥解体、農地改革と、降伏から年末までのわずか4ヵ月間だけでも、日本社会を根本から変える命令が出された。

■天皇の地位

日本政府が降伏の際に最後までこだわったのが、天皇の地位の保障であった。天皇の戦争責任が問われるようなことは断じてあってはならない。これが当時大勢《たいせい》を占めた考え方だった。降伏から間もない9月27日、昭和天皇がアメリカ大使館のマッカーサーを訪問した。天皇の側から訪問することはありえないことだったうえ、翌々日の新聞には、燕尾服の正装に身をかため直立する天皇と開襟服《かいきん》で腰に手を当てたマッカーサーが並んだ写真が掲載された。この日の会見で、昭和天皇がどこまで自分の責任について語ったのかはわからないが、マッカーサーと天皇は互いに利用価値のある存在であることを確認した。天皇の権威は占領統治の成

1947 トルーマン・ドクトリン	1949 中華人民共和国成立	1951 サンフランシスコ平和条約・日米安全保障条約調印

功には不可欠だったし、マッカーサーの権力は天皇制度の存続に不可欠だった。

政府や宮中は不安だった。国際世論は、天皇を裁判にかけるべきだと考えていたうえ、国内では共産主義・社会主義が急速に拡大していたからである。天皇が国民から圧倒的支持を得ており、民主主義に適合できることを示さねばならない。1946年2月から昭和天皇は全国巡幸をはじめた。GHQの警備は手薄だった。もし、天皇に反感を抱く者がいて、不測の事態が起きてもしかたがないということだった。

ところが、国民は熱狂的に天皇を歓迎した。天皇は、はじめて接する「臣民」にぎこちなく声をかけはじめた。一般の市民の「奉答」に「あっ、そう」と答えるスタイルができあがっていく。「天皇に責任はない、善良な人だ」との発想は、天皇に好都合であったのはもちろん、日本を全否定したくはないという国民の素朴なナショナリズムと結びついたものでもあった。

結局、天皇制は新憲法で認められ、昭和天皇自身も戦争責任を問われず、史上最長の在位を保つことになった。

■責任の所在

大日本帝国憲法で統治の総攬《そうらん》者とされていた天皇に責任がないのであれば、いったい誰が悪いのか。戦場での民間人の虐殺や捕虜虐待など、それまでの国際法に違反する行為もあったが、もっと根本的な問題、つまりなぜこのような愚かな戦争を起こしたのかを追及すべきなのではないか。戦争犯罪人を裁いた極東国際軍事裁判（東京裁判）では、「平和に対する罪」「人道に対する罪」が問われ、政府・軍部首脳が戦争を共同謀議・計画したA級戦犯として起訴された。

東京裁判の被告人の証言から浮かび上がってきたのは、責任の

1937	1939	1941	1945
日中戦争	第二次世界大戦	真珠湾攻撃 / 太平洋戦争	ポツダム宣言受諾

所在が不明確なことだった。罪を軽くしたいという思いもあったが、多くの被告が、自分の意志によって決定したとは言わず、大勢に従って自然に事態が動いていったという認識を示した。トップ・ダウンの決定ではなく、それぞれが周りの雰囲気を気にしながら、全体として何となく決めていくという、日本独特の政治社会文化の現れと考えられた。政治学者の丸山眞《まさお》男はこれを「無責任の体系」と呼んだ。

もちろん、裁判では被告の責任が問われ、東条英機元首相など7人が絞首刑となった。ちなみに、南京虐殺事件の際の司令官だった松井石根《いわね》は「人道に対する罪」ではなく、一般人と捕虜の殺害が国際法違反に当たるとして死刑になった。

東京裁判についてはさまざまな問題が指摘されてきた。「平和に対する罪」のような犯罪時になかった事後法をさかのぼって適用することが刑事法の大原則に反している点、原爆投下に代表されるアメリカ側の戦争犯罪が問われなかった点などである。何より、勝者の立場から戦争原因を解釈して裁きを下すこと自体、被告にはきわめて不公平な審理であった。

ただし、東京裁判にまちがいや問題があったとしても、それで日本の戦争責任が軽くなるわけではない。また、戦犯の名誉を回復することで侵略の事実を消すことができるわけでもない。「大東亜戦争」が近隣諸国・地域に大きな被害を及ぼしたこと、そして過去も未来も日本はアジアのなかにあり続けなければならないことを考えるとき、日本が自分の問題として責任を問うていくことが求められるのである。

■

●さらに学びたい人のために▶▶▶日暮吉延『東京裁判』講談社、2008年。

1947 トルーマン・ドクトリン
1949 中華人民共和国成立
1951 サンフランシスコ平和条約・日米安全保障条約調印

34 憲法はアメリカ製か?

〖戦争放棄という決断〗

■幣原の復活

終戦の混乱をおさめるため、鈴木貫太郎内閣に続いて組閣された皇族の東久邇宮稔彦《ひがしくにのみやなるひこ》内閣は、予想以上のGHQの改革要求に対応できず、1945(昭和20)年10月に総辞職した。新首相は、英語に堪能で戦争に無関係の人物がよい。かつて日本も国際協調外交を推進した時代があった。そのときの外相幣原喜重郎こそ首相にふさわしいのではないか。占領下とはいえ、まだ大日本帝国憲法下である。天皇の大命《たいめい》は幣原に下った。

吉田茂外相が幣原の首相就任をマッカーサーに伝えると、「英語はしゃべれるのか」と尋ねられたという。幣原は外務省きっての英語通だったが、すでに忘れられた人だった。幣原自身、とても首相はできないと断ったが、天皇の困った様子をみて「最後のご奉公」を決断した。

マッカーサーは幣原内閣に五大改革指令(33参照)を出したが、秘密警察の廃止や女性への参政権付与など、「国体」を変革しないでも何とかなりそうだと思われた。幣原内閣の閣僚には、自由主義・国際主義で戦時期には軍部から警戒された人物が多かった。それだけに、戦争は本来の日本政治の逸脱であって、戦争前の姿に戻せば、日本は国際社会で生きていけると考えていた。ただし、憲法の小改正は必要かもしれず、東京帝国大学元教授(専門は商法)の松本烝治《じょうじ》国務大臣が憲法担当になった。松本は、憲法学者の美濃部達吉《みのべたつきち》や宮沢俊義《としよし》など重鎮を集めた憲法問題調査委員会を発足させて憲法改正案の検討に着手した。1946年2月8日、松本

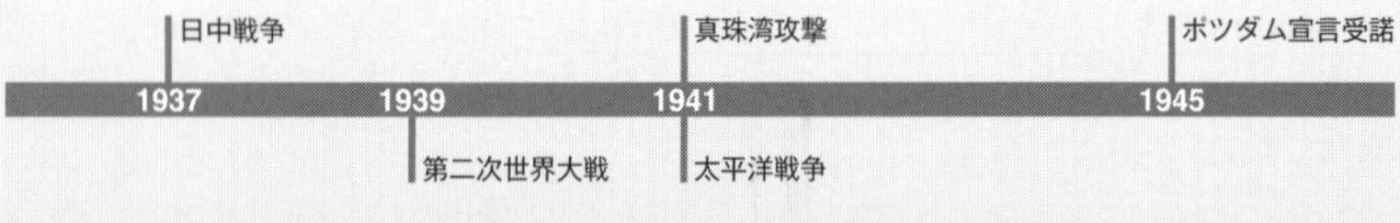

は明治憲法を基礎にした憲法改正要綱をGHQに提出した。

■象徴天皇制・平和主義

GHQは、新聞報道などから松本案が保守的なものであることを知り困惑した。松本案では民主主義・平和主義は実現できず、国際世論も納得しないことは明らかだった。2月3日、マッカーサーはいわゆる「マッカーサー・ノート」に従って憲法案を作成するよう命じた。「マッカーサー・ノート」は、元首としての天皇の存続・戦争の放棄・封建制度の廃止の3点からなっていた。GHQのスタッフは不眠不休の勢いで憲法案の作成を開始した。2月13日、松本案を拒絶したGHQは、新憲法案を提示した。「マッカーサー・ノート」から10日間しかたっていなかった。

英語で書かれたGHQ案をみた松本は愕然とした。「天皇は日本のシンボル(象徴)」「戦争を放棄する」などと書いてあるではないか。統治の総攬者である天皇が「シンボル」では国体が変わってしまう。また、軍備を全廃して、国家の権利として認められている戦争を「放棄する」というのも前代未聞の内容だった。

象徴天皇制は、イギリス国王の「君臨すれども統治せず」というあり方に近いものといえる。また、戦争放棄は1928年の不戦条約(21参照)などからヒントを得たものだった。この時点でのGHQは、日本を単に弱体化させるのではなく、新憲法によって「文明化」する使命感に燃えていた。よって、新憲法は革新的なものでなければならなかったのだ。

松本国務大臣から報告を受けた幣原は、2月21日にマッカーサーと会談した。その際、マッカーサーは天皇の安泰のためにも戦争放棄と国民主権を確立すべきで、日本は「モラル・リーダーシップ」(世界の中で道義的に先頭をすすむ)をとるべきだと述べた。国体護持、とくに天皇制の維持を最重視していた日本政府には厳

1947 トルーマン・ドクトリン
1949 中華人民共和国成立
1951 サンフランシスコ平和条約・日米安全保障条約調印

しい選択だった。結局、幣原はGHQ案の受け入れを決断した。

3月6日、GHQ案を基礎とした憲法改正草案要綱が政府案として示され、4月17日には、帝国議会で審議にかけられる正式の憲法草案が公表された。

> **第一条　天皇は、日本国の象徴であり日本国民統合の象徴であって、この地位は日本国民の至高の総意に基く。……第九条　国の主権の発動たる戦争と、武力による威嚇又は武力の行使は、他国との間の紛争の解決の手段としては、永久にこれを抛棄する。陸海空軍その他の戦力は、これを保持してはならない。国の交戦権は、これを認めない。**

一般国民にもわかりやすいように、ひらがなまじりの口語体だった。

■大日本帝国憲法の改正

1946年4月10日、20歳以上の男女に選挙権を認めた新選挙法による衆議院総選挙が実施された。466議席中、39名の女性議員が誕生し、日本社会党は93議席、日本共産党は5議席を獲得したが、戦前の保守政党の流れをくむ自由党（141議席）と進歩党（94議席）が多数を占めた。選挙後に招集された第90帝国議会で新憲法案は審議された。

保守系議員が政府にただしたのは、国体が変更されたのではないかということだった。政体は変わったが、天皇がいる以上国体は変わっていない、「君臣一家」のままだと、曖昧な答弁が繰り返された。また、衆議院憲法改正特別委員会の小委員会（芦田均《あしだひとし》委員長、通称「芦田委員会」）では、いくつかの重大な修正がおこなわれた。

芦田委員会では、第9条第2項の冒頭に「前項の目的を達するため」との一節が追加された。芦田は、日本の自衛権を確保する

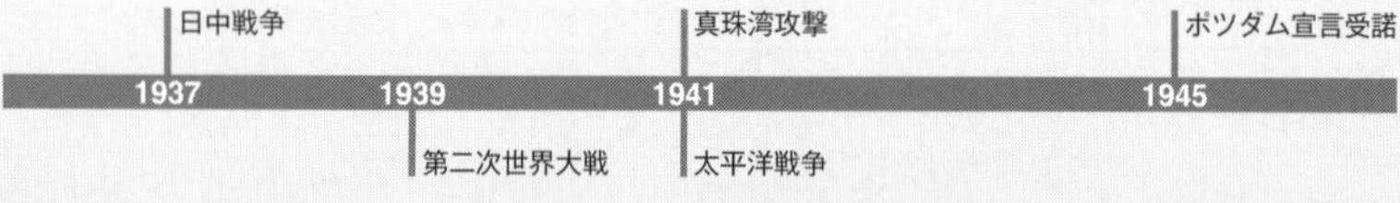

ため、国際紛争解決以外のためならば戦力はもつことができるとの解釈の余地を残したともいわれるが、真相はさだかでない。また、社会党の森戸辰男委員の提案で、第26条第1項に生存権が明記された。芦田委員会で内容や文体が精査されたのち、憲法案は、衆議院で可決、貴族院・枢密院を経て、大日本帝国憲法の改正として1946年11月3日に公布された。

第一条　天皇は、日本国の象徴であり日本国民統合の象徴であって、この地位は、主権の存する日本国民の総意に基く。……第九条　日本国民は、正義と秩序を基調とする国際平和を誠実に希求し、国権の発動たる戦争と、武力による威嚇又は武力の行使は、国際紛争を解決する手段としては、永久にこれを放棄する。前項の目的を達するため、陸海空軍その他の戦力は、これを保持しない。国の交戦権は、これを認めない。

日本国憲法の原案がGHQによって作成されたことは事実だが、象徴天皇制・戦争放棄・基本的人権の保障など、憲法の精神は国民の支持を得て、現在にいたっている。外圧の存在、諸外国の憲法を参照・翻訳したという点が問題視される。しかし、原案作成者がGHQだとしても、その内容を国民が選んだ国会の代表者が審議・可決したことも事実である。大日本帝国憲法は、外圧であった「文明国標準」に達するために制定されたのであり、伊藤博文らが諸外国の憲法を参考にし、原案をお雇い外国人らに諮問《しもん》して完成したのである。また、当時は国民の総意を反映させるという発想もなかった。大日本帝国憲法と日本国憲法のどちらが「自主」の憲法なのかは、簡単には判断できないのである。

■

◉さらに学びたい人のために▶▶▶竹前栄治監修『憲法制定史』小学館、2000年。

1947 トルーマン・ドクトリン
1949 中華人民共和国成立
1951 サンフランシスコ平和条約・日米安全保障条約調印

35「防波堤」日本

【再軍備への道】

■資本主義 VS 社会主義

時計の針を19世紀の後半に戻したい。西欧諸国では重工業の発展が本格化し、資本主義と帝国主義が結びついた世界システムが完成していった。その結果、国内では資本家と労働者の格差が広がり、宗主国と植民地の格差も拡大・固定化されていくことになる。格差の拡大により、貧困や治安の悪化、人種差別など、さまざまな社会問題が深刻になった。その解決策として考え出されたのが社会主義である。

社会主義の特徴は、問題の原因を、個人の能力や性質ではなく、社会のしくみにあるとした点である。社会主義のなかでも、生産手段を共有し、富を平等に分配することで、平等の実現をめざす考え方がとりわけ大きな影響力をもつようになっていった。ついに、1917（大正6）年にはロシア革命が起こり、革命の過程で社会主義勢力が権力を握り、はじめての社会主義国が誕生した。ソ連（ソビエト社会主義共和国連邦）である（16参照）。

社会主義思想は、自由競争や既存の社会秩序を批判したため、既得権益をもつ人々からみれば危険な思想だった。ロシア革命は、世界に衝撃を与え、資本主義国は対決姿勢を明確にした。アメリカや日本は革命を阻止するために出兵もおこなった。1924年から25年にかけて、ヨーロッパ諸国や日本はソ連と国交を結んだが、アメリカは1933年までソ連の存在を認めなかった。

第二次世界大戦では、枢軸国《すうじくこく》に対抗するため、ソ連も連合国の一員となったが、危機をしのぐための一時的な関係改善に過ぎな

1937 日中戦争
1939 第二次世界大戦
1941 真珠湾攻撃
1941 太平洋戦争
1945 ポツダム宣言受諾

かった。ソ連の指導者スターリンと友好関係にあったアメリカ大統領フランクリン・ルーズヴェルトは、1945(昭和20)年2月のヤルタ会談で、ソ連の対日参戦を求めた代わりに、東欧の処理や**千《ち》島《しま》列島**に関し、曖昧なかたちでソ連の主張を認めた。ところが、急死したルーズヴェルトに代わって7月のポツダム会談にのぞんだトルーマン新大統領は、ソ連に強い警戒感を抱いた。ソ連が勢力を伸ばすのを防がねばならない。原爆を使用した一因は、日本を早く屈服させ、アメリカ主導で東アジア秩序を再編したかったからである。

占領政策の転換

敗戦後のアメリカの対日方針は、日本から軍事力を奪うだけでなく、経済発展も抑制するという厳しいものだった。軍事大国の日本を再興させないことが主眼だった。しかし、1947年あたりから、アメリカの方針は大きく転換していくことになる。**冷戦**がはじまったからだ。

アメリカにとって、東欧を占領したソ連と直接対峙するヨーロッパ情勢が最大の懸念だったが、東アジアも油断できない状況だった。中国では共産党が勢力を伸ばしつつあり、朝鮮半島北部もソ連の占領下で社会主義政権が樹立された。最悪のシナリオは、日本の復興が遅れ、アメリカに不満をもった日本国民が社会主義を選択することだった。事実、1947年の総選挙では社会党の得票率は政権を握っていた自由党に近接した。

1947年1月、ロイヤル陸軍長官は「日本を共産主義の防壁にする」と就任演説で述べた。日本復興を急ぎ、保守政権による安定した支配を確立する必要がある。GHQは、日本国内の社会主義勢力に厳しい目を向けはじめ、かわって自由党や進歩党など、戦前の保守政党の勢力拡大を支持するようになった。また、当初は

1947 トルーマン・ドクトリン
1949 中華人民共和国成立
1951 サンフランシスコ平和条約・日米安全保障条約調印

否定していた日本の再軍備も密かにめざされることになった。

第二次世界大戦の終結時、アメリカは世界の金の70%を保有していた。庶民でも自動車を乗り回すことができ、ぶあついステーキを存分に食べることができた。餓死者がでていた日本や荒廃しきったヨーロッパからは想像もできない豊かさだった。

アメリカは資本主義世界の安定のために豊富なドル資金を利用して、大戦後の世界再建計画を次々と実施した。IMF（国際通貨基金）の設立などにより、ドルを基軸通貨とする国際経済システムを構築した。ヨーロッパ復興のための資金も拠出した（マーシャル・プラン）。日本にはガリオア資金などで援助を与えた。こうした諸策は、冷戦下の対ソ連戦略でもあった。つまり、資本主義世界こそが幸福を実現するのであり、そのリーダーであるアメリカが寛大な国家であることを示すのがねらいだった。

■朝鮮戦争

日本の敗北により朝鮮は日本から解放されたが、北緯38度線を境に、北はソ連が、南はアメリカが占領した。冷戦により、南北朝鮮は分断された。1950（昭和25）年6月、北朝鮮軍が大韓民国への侵攻を開始した。北朝鮮（朝鮮民主主義人民共和国）の指導者金日成《きんにっせい》は、スターリンの許可を得て、朝鮮半島統一のため攻勢に出たのである（朝鮮戦争）。

1945年に設立された国際連合は、米ソの対立で早くも機能不全になりつつあったが、中華人民共和国の不承認問題に抗議してソ連が欠席していたため、**安全保障理事会**はアメリカ軍の派遣を認めた。冷戦はついに熱い戦いになった。

朝鮮戦争は、日本にも大きな影響を与えた。占領軍の朝鮮派兵により日本の防衛が不安になるとして、アメリカは日本に警察予備隊の設置を命じた。敗戦5年にして、日本は再軍備の道を歩み

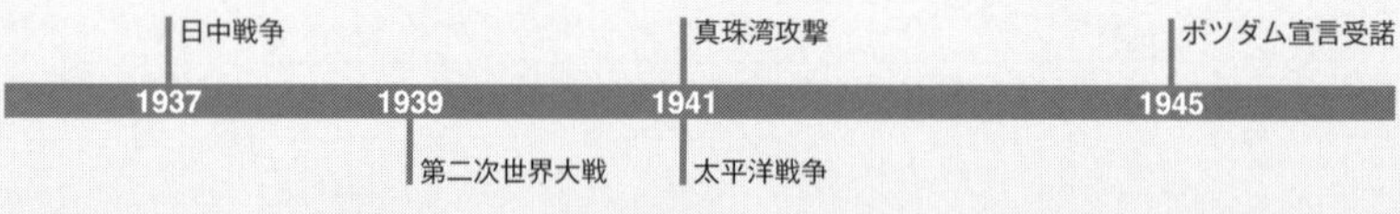

出すのである。また、日本は、アメリカ軍への物資補給基地となったため、景気が急速に回復しはじめることになる。朝鮮戦争によって、日本の独立と復興は確実になった。

朝鮮半島では激烈な戦闘が続いた。アメリカ軍の参戦により北朝鮮軍は押し返されたが、中華人民共和国は義勇軍を派遣し、今度はアメリカ軍が押し返された。マッカーサーは原爆の使用許可を求めたが、広島と長崎の惨禍に衝撃をうけたトルーマン大統領は拒絶した。原爆こそ使用されなかったが、朝鮮半島は壊滅的な被害をうけた。1953年7月、ようやく停戦協定が結ばれた。

冷戦下でアメリカの軍事的保護を受けつつ、日本は復興をはじめた。現実的な選択肢はそれしかなかった。ただし、本来ならば、朝鮮半島の混乱は日本が矢面にたって引き受けなければならないことのはずだ。平和は大切である。経済成長によって国民生活を安定させることも重大事である。しかし、日本の平和と繁栄は、冷戦という特殊な国際環境で、世界の諸地域の悲劇から目をそむけたなかで達成されたことを、わたしたちは忘れてはならない。

■

◎**千島列島**＝1875年の樺太・千島交換条約で日本の領有となった。1951年のサンフランシスコ平和条約で日本は千島列島の領有権を放棄した。択捉《えとろふ》・国後《くなしり》・色丹《しこたん》・歯舞《はぼまい》の諸島は固有の領土であり、ロシアが不法に占拠しているというのが、日本の立場である。
◎**冷戦**＝1947年あたりから本格化したアメリカとソ連の対立。資本主義と社会主義をめぐるイデオロギーの対立がからんで長期化した。米ソ直接対決は回避されたため、冷たい対立＝冷戦と呼ばれる。しかし、米ソの世界戦略に利用されて、世界各地では深刻な「熱戦」がおこなわれた。
◎**安全保障理事会**＝国際連合の最重要機関。米・英・仏・ソ連（1991年以降ロシア）・中（中華民国、1971年以降中華人民共和国）の五大国が常任理事国。常任理事国が全員一致しなければ、議案は承認されない（拒否権）。
◉**さらに学びたい人のために▶▶▶**下斗米伸夫『アジア冷戦史』中央公論新社、2004年。

1947 トルーマン・ドクトリン
1949 中華人民共和国成立
1951 サンフランシスコ平和条約・日米安全保障条約調印

36 吉田茂の決断

【ワンマンの打算】

■貴族趣味

日清戦争の頃、若様とよばれる一人の少年が学習院に通っていた。それも馬に乗ってである。1878（明治11）年生まれのこの少年は、土佐自由党の壮士であった竹内綱《たけうちつな》の子として生まれたが、貿易商として成功していた吉田健三《けんぞう》に引き取られて養子となった。養父が早世すると、その莫大な遺産を引き継ぎ、日露戦争のさなかに東京帝国大学に転学した。日本は、日清・日露の大戦争に軍事力だけでなく、巧妙な外交術も駆使して勝利をおさめた。自分も世界を相手に活躍したい。養父の影響を強く受けたとはいえ、実父の壮士の気風も受け継いだ。1906年、東大を卒業した彼は、外交官試験に合格した。外交官、吉田茂の誕生である。1908年には、大久保利通の実子で国際派の政治家であった牧野伸顕《のぶあき》の娘と結婚した。

順風満帆に思える吉田だが、外交官試験の成績はさほどよくなく、勤務先は中国が多かった。欧米中心主義が疑われていなかった当時にあって、吉田は出世街道からはずれたキャリアを歩むことになった。ただし、負けん気が強く、強烈なエリート意識をもっていた吉田は、その程度でめげず、たびたび問題が生じる中国の地でその個性を発揮した。

吉田にとって、帝国主義下の外交にあって、欧米諸国や日本などの列強が、条約などでえた権益を守るのは当然だった。文明化しない中国が悪いのだ。よって、軍部もたじろぐほどの強硬意見を主張することもあった。一方、中国浪人といわれた壮士たちの

1937 日中戦争
1939 第二次世界大戦
1941 真珠湾攻撃
1941 太平洋戦争
1945 ポツダム宣言受諾

策謀にはきわめて批判的だった。外交は、エリートによって粛々とおこなわれるべきもので、怪しい奴らにかき回されてはかなわない。この点でも吉田の立場は明快だった。吉田は、中国勤務が長かったが、典型的な欧米型外交官だった。むしろ、日本が「文明国」としてふるまえる中国だったからこそ、「文明国標準」を全面に押し出すことが可能だった。

1936（昭和11）年、二・二六事件ののち、吉田は同期の外交官広田弘毅内閣の外相候補になったが、親英米派であることを理由に軍部が反対し、駐英大使に転出せざるを得なくなった。

日本の立場

吉田茂に脚光が当たったのは、アジア太平洋戦争の敗戦後だった。戦時中、義理の父である牧野伸顕らと連絡をとって終戦工作をしたため、一時憲兵隊に拘束されたことが、吉田の立場を高めたのだ。東久邇宮内閣・幣原内閣で外相をつとめた吉田は、鳩山一郎の**公職追放**を受けて、1946年に自由党党首に就任して首相となった。吉田は、人事の一任、政治資金集めはしない、やめたい時はいつでもやめるとの条件をだして自由党を率いた。1947年4月の日本国憲法下の最初の総選挙で、自由党は第1党になれず総辞職。片山哲《てつ》社会党内閣・芦田均民主党内閣をへて、翌年10月にふたたび自由党は政権を奪回し、1954年12月まで続く吉田の長期政権がスタートした。

吉田の持論は、「戦争に負けて外交に勝った歴史はある」というものだった。負け惜しみといえばそれまでだが、冷戦下でアメリカの対日政策が変わったことをうけて、アメリカに従属しつつ、日本復興のために支援を引き出すことをめざした。

まず直面したのが、深刻な経済状況だ。GHQは1948年12月に経済安定九原則を吉田内閣に指示し、これに基づいて翌年には、

1947 トルーマン・ドクトリン
1949 中華人民共和国成立
1951 サンフランシスコ平和条約・日米安全保障条約調印

ドッジ・ラインやシャウプ勧告など、急激な経済改革を断行した。ドッジ・ラインとは為替レートを1ドル＝360円に固定して日本の国際経済復帰をめざしたものだが、同時に、均衡予算によって日本経済をひきしめさせた。また、シャウプ勧告により、直接税と累進所得税による徴税が確定した。

■独立の代償

アメリカが社会主義陣営との対立を鮮明にし、日本政府もそれに従ったことで、社会主義を信奉する勢力は反米に転じて、政府を厳しく批判した。しかし、吉田には主義主張を優先して理想を追い求めるというような発想はなかった。現実に選択可能な政策を、アメリカの援助を得ながら進めていくしかないということだ。傲慢不遜な吉田の政治姿勢は、知識人からは嫌われたが、強力な指導者として期待もされた。

朝鮮戦争の勃発で（35参照）、日本の独立問題が具体化するなか、アメリカを中心とした資本主義陣営だけでなく、社会主義陣営とも関係を結んで講和をすべきで、そのためには日本は米ソから中立でいるべきだとする主張もあらわれた（全面講和論）。吉田はこうした意見を「曲学阿世《きょくがくあせい》の徒《と》」（学問をねじまげて世におもねる人）と批判した。

1951（昭和26）年9月8日、サンフランシスコ講和会議で吉田茂首相は平和条約に調印し、翌年4月の独立が認められた。吉田がもっとも輝いた瞬間だ。しかし、平和条約はさまざまな代償をともなった。ソ連・ポーランド・チェコスロヴァキアは調印を拒否、中国（42参照）は会議に招かれなかった。また、アメリカの軍事戦略上で必要だった沖縄と小笠原諸島はアメリカの施政下におかれた。

平和条約調印の同日、吉田はきわめて重要な条約にもひっそり

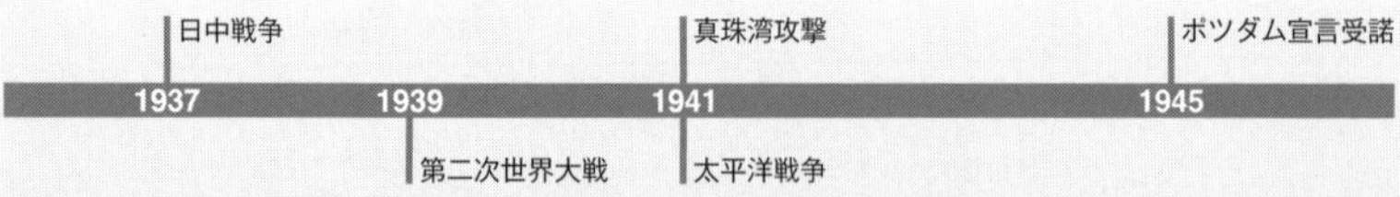

と調印した。日米安全保障条約である。米軍の日本駐留・大規模な内乱が起こった場合の米軍による鎮圧・域外の戦闘への基地使用などを認めたにもかかわらず、アメリカに日本防衛の義務はなかった。日本の国家主権を軽視した片務的な内容だ。この条約締結は、アメリカが日本の独立を承認する不可欠の条件だった。

吉田は、アメリカに従属・依存するかわり、再軍備を小規模にして経済復興を優先した。そのためには、不完全な講和や領土問題、不平等な面がある安保条約を受け入れるしかないと決断したのである。国家像や理念よりその場の利害を重んじる吉田の姿勢は、若き日の「文明国標準」に忠実な外交官の一面だともいえる。つまり、ナショナリズムなどの精神的な運動に無理解で、条約に従って権益を保持すればいいと割り切る姿である。よって、少なくとも吉田にとっては「戦争で負けて外交で勝った」のだ。

吉田は「ワンマン」といわれるほど強い権力をもった。生来の貴族趣味・エリート主義もあって、政党政治家を信頼せず、官僚出身の池田勇人・佐藤栄作などを登用した。彼らによって、いわゆる「吉田路線」が戦後日本の基本方針として引き継がれていく。一方、「ワンマン」の打算によって取りのこされた諸問題の多くは、現在にいたるまで解決されず、日本政治の課題となっているのである。

■

◎**公職追放**＝1946年1月にGHQが出した指令。戦争犯罪人、職業軍人、国家主義団体の関係者などが公職につくことを禁止した。最終的には20万人以上が追放された。

◉**さらに学びたい人のために▶▶▶**高坂正堯『宰相　吉田茂』中央公論新社、2006年。

1947	トルーマン・ドクトリン
1949	中華人民共和国成立
1951	サンフランシスコ平和条約・日米安全保障条約調印

第5部 経済大国への道

© Bettmann/CORBIS/Getty Images

田中角栄と毛沢東

敗戦から復活した日本は、経済大国に成長した。
豊かさと平和を維持するためには、
どのような外交を展開していけばよいのか。
第5部では、未来への展望も含めて、
1950年代から現在までの
日本外交を考えていこう。

37 軍服をスーツにかえて

【賠償と経済進出】

■戦争のつぐない

アジア太平洋戦争で、日本は中国をはじめとする多くの国々に戦争被害を与えた。終戦後、日本にその補償を求める声が高まったのは当然だったし、現在でも折にふれて話題となる。「日本は賠償をきっちりしていない」との批判がある一方で、「日本はもはや賠償をする必要はない」との主張もある。じつのところ、こうした議論に正解はない。解釈や立場によって意見がことなるからだ。戦争責任と関連して、感情的に語られることも多い賠償問題だが、まず、基礎的な事実を確認しておきたい。

第二次世界大戦の敗戦国に多額の賠償を課さないこと。これがアメリカの基本方針だった。第一次世界大戦後にドイツに過大な賠償を要求したことが、ヒトラー台頭の一因になったと考えたからだ。結局、日本（人）の在外資産を提供させるにとどめ、主要国は日本に賠償を求めないことになった。しかし、日本に占領されたアジア諸国（地域）を中心に、賠償放棄に納得しない国も多く、日本はさまざまな形式で、賠償もしくは賠償に代わる金を支払うことになる。

1951（昭和26）年9月8日に調印されたサンフランシスコ平和条約では、連合国は原則として賠償請求権を放棄した。日本に賠償責任はあるが、経済的に自立させるために賠償をとらない方がよいと判断されたからである。ただし、日本軍に占領されて被害を受けた条約締結国は、個別に賠償交渉をすることができた。アメリカ・イギリス・オーストラリア・オランダ・ラオス・カンボジ

1954 自衛隊発足
1956 日ソ共同宣言
1964 東京オリンピック
1965 ベトナム戦争激化
1972 沖縄祖国復帰実現
1972 日中共同声明
1978 日中平和友好条約調印

アは、賠償請求をおこなわなかった。その結果、サンフランシスコ平和条約の規定及びそれに準ずる内容の協定などで、日本が正式に賠償として支払った額は3600億円あまり、対象国はビルマ(現ミャンマー)・フィリピン・インドネシア・ベトナム、事実上の賠償を経済協力というかたちで支払った額は605億円あまりで、対象国はラオス・カンボジア・シンガポール・マレーシアなどである。

■さまざまな補償策

日本の侵略でもっとも大きな被害をうけた中国は、講和会議に招かれなかった。中国侵略の賠償は巨額になることが予想されたが、中華民国とは1952年の日華平和条約で、中華人民共和国とは1972年の日中共同声明で、いずれも中国側が日本に賠償請求をしないことで決着をみた(42参照)。かわって、日本は中国に無償援助などの経済協力をおこなってきた。

朝鮮半島(現在の大韓民国と朝鮮民主主義人民共和国)の人々に対して、植民地支配と戦争によって、日本が被害を与えたことはまちがいない。しかし、戦時中の朝鮮は日本領であり、**韓国臨時政府**は日本と戦争状態にはなかったため、平和条約では賠償の対象外となった。結局、韓国との間には、1965(昭和40)年の日韓基本条約と同時に結ばれた協定で、日本が3億ドルの経済協力をおこなうことで決着した。北朝鮮とは国交がないため、植民地支配や戦争被害の補償について未解決である。

ちなみに、国際法の大原則では、国家間で決着した賠償問題にかんしては、その問題に対する個人の賠償請求権が失われることになっている。よって、事実関係や法律論から、次のように整理できる。日本は支払うべき賠償は支払い、条約上の義務がない場合も、一定の金額を事実上の賠償として支払った。また、条約や

年	出来事
1985	プラザ合意
1989	ベルリンの壁撤去
1993	非自民連立内閣成立
2001	米で同時多発テロ
2003	米・英、イラク攻撃
2011	東日本大震災

協定を結んで賠償した国との間には、もはや賠償問題は成立しない。つまり、日本政府は、法的には批判されないように周到な行動を積み重ねて現在にいたっている。

もちろん、こうした法律論・条約論だけで、戦争責任や賠償問題がすべて解決されるわけではない。しかし、日本が悪い・悪くないといった議論を繰り返すまえに、事実関係を冷静に確認することも必要だろう。

■賠償の目的

ところで、サンフランシスコ平和条約では、日本の賠償は役務賠償という方式がとられた。これは、賠償額相当のモノや技術・労務の提供で、金銭による支払いにかえる方法である。この方式には利点がいくつかあった。

まず、日本に過大な負担をかけないという点である。日本企業は、賠償相手国の道路建設などを無償で請けおって、日本政府から必要な金額を支払ってもらう。日本企業にとっては海外で事業を拡大することになり、政府にとっては貴重なドルを使わず円で支払えばよいので助かった。こうして、軍服をスーツにかえて、賠償を足がかりにふたたび日本のアジア進出がはじまったのである。

賠償される方にとっても、インフラストラクチャーの整備などを日本の技術と物資でおこなってくれるのであるから助かった。くわえて、日本の賠償・経済協力政策は、政情不安の続くアジア諸国を資本主義陣営につなぎとめる一手段にもなった。

日本の賠償には、日本企業の海外進出援助政策という一面があった。たとえば、日本の役務賠償で建設された施設は、日本仕様であるため、その後の維持管理も日本企業に依頼することになる。日本企業は、日本占領期から関係がある現地の政治指導者と癒着

年	出来事
1954	自衛隊発足
1956	日ソ共同宣言
1964	東京オリンピック
1965	ベトナム戦争激化
1972	沖縄祖国復帰実現
1972	日中共同声明
1978	日中平和友好条約調印

して、次々と各地の開発事業に参入していった。

賠償に代わる経済協力の場合、政府開発援助（ODA）として拠出された。ODAとは、先進国が途上国に有償もしくは無償で資金などを援助することをいう。経済大国となるまでは日本もODAを受ける側であった。ガリオア資金（35参照）もODAの一環だったし、東海道新幹線もODAの資金を利用してつくられた。

経済復興にともない、日本はODAの拠出額を増加させた。貧しい国を援助するのだから良いことだと単純に納得してもらっては困る。ODAは賠償と同じく、使いようによっては、日本企業の海外進出振興策になる。ODAなどを有効に活用することは大切で、経済進出に利用することも外交戦略として必要だろう。ただし、利害関係の深いアジアを中心に、そのうえ、相手国ではなく日本の繁栄をはかるような海外援助ばかりしていては、日本の誠意が疑われてもしかたがない。終戦後、日本人は軍服をスーツにかえた。これからは何を着てどのような行動をするのか？経済成長が鈍化し、経済大国の地位から退きつつある今こそ、われわれはあらためて世界とどのように向き合うのか、考えねばならないのである。

■

◎**韓国臨時政府**＝1919年に成立。しかし、臨時政府として承認されず、サンフランシスコ平和条約への調印も認められなかった。臨時政府の初代大統領李承晩《りしょうばん》は、1948年に成立した大韓民国の初代大統領に就任した。

◉**さらに学びたい人のために▶▶▶**内海愛子『戦後補償から考える日本とアジア』山川出版社、2002年。

1985 プラザ合意
1989 ベルリンの壁撤去
1993 非自民連立内閣成立
2001 米で同時多発テロ
2003 米・英、イラク攻撃
2011 東日本大震災

38 ゴジラ出現！

【反核・反米・ナショナリズム】

■核兵器の時代

都市を次々と破壊していく怪獣映画『ゴジラ』の第1作が制作されたのは、1954（昭和29）年のことだ。ゴジラは水爆実験により安住の地を追われたという設定で、反核のメッセージが込められている。同年の3月、アメリカが南太平洋のビキニ環礁でおこなった水爆実験により、近海で操業していた第五福竜丸の乗組員が被爆し、無線長久保山愛吉が半年後に死亡した。広島と長崎に原爆を投下された日本人がふたたび被爆したのである。この事件をきっかけに反核運動がもりあがり、翌年には広島で第1回の原水爆禁止世界大会が開かれた。「ノーモアヒロシマ」（核兵器の被害を繰り返してはならない）は、政治家にとって、与党・野党にかかわらず否定できない主張であった。

一方、1949年にはソ連がアメリカに続いて原子爆弾を保有し、冷戦（米ソ対立）は核兵器軍拡競争に発展していった。核兵器は、核による反撃で威嚇しあい、相手の攻撃を抑止するためのものになった。よって、相手より多くの核兵器を保持しようとするため、軍拡は際限がなくなる。冷戦下の緊張した国際情勢では、抑止力の「核の傘」（日本を防衛するアメリカの核兵器）をなくすことはできず、日米安保条約を破棄して米ソに中立の立場でのぞむという革新勢力の主張は非現実的だった。

占領期からの長期政権を維持した吉田茂は、日米安保条約により、日本をアメリカの軍事戦略に従属させる一方で、その軍事力に依存して日本の軍事負担を軽減して経済復興を優先する路線を

- 1954 自衛隊発足
- 1956 日ソ共同宣言
- 1964 東京オリンピック
- 1965 ベトナム戦争激化
- 1972 沖縄祖国復帰実現
- 1972 日中共同声明
- 1978 日中平和友好条約調印

選択した。しかし、独立を達成した日本社会には、アメリカへの従属に反発する気運も高まりつつあった。反核運動は、アメリカだけを対象にしたものではないが、核兵器を大量に保有するアメリカ批判と結びつきやすかったのも事実である。ここに、独立国としての誇りをとりもどしたいというナショナリズムと反核や反米の気運との接点があった。

1954年12月、ついに吉田茂は退陣においこまれた。吉田の独裁的姿勢への反発もあったが、独立後もアメリカに追随しておけばいいという吉田の割り切りに対して、国民が不満を覚えたからである。新首相の鳩山一郎は、自主憲法制定と再軍備を訴え、国民から歓迎された。

55年体制の成立

鳩山一郎は根っからの政党政治家だった。父の和夫も衆議院議員をつとめた。戦時中は軍部の圧力に抵抗して**翼賛選挙**《よくさんせんきょ》に非推薦で出馬して当選した。敗戦後は自由党を結成し、1946(昭和21)年の総選挙で第一党になった。ところが、鳩山は首相選出直前に公職追放処分をうけ、権力の座を吉田茂に譲らざるを得なくなった。吉田は長期政権を実現し、自由党は吉田派が主流となってしまう。1951年には、追放解除を目前にした鳩山を病魔がおそった。

1954年に吉田茂に反発する勢力を中心に日本民主党を結党した鳩山は、ようやく首相になれた。半身不随になりながらも執念で勝ち得た政権だった。翌年には、保守系の自由党と民主党が合同して自由民主党が結党された。右派と左派に分裂していた**社会党の再統一**に危機感を抱いた結果だった。これ以降1993(平成5)年の細川護熙《もりひろ》非自民連立内閣成立まで、政権党としての自由民主党と、革新の立場から政権を批判する野党の社会党が、おおよそ2:1の割合で国会の議席を分け合う構図が固定化する。一般に

年	出来事
1985	プラザ合意
1989	ベルリンの壁撤去
1993	非自民連立内閣成立
2001	米で同時多発テロ
2003	米・英、イラク攻撃
2011	東日本大震災

これを55年体制という。

鳩山が主導する自民党は、党是として自主憲法の制定を掲げ、吉田路線の再考をめざした。憲法を改正して普通の軍備をもち、アメリカに従属する外交から脱却することで、日本人の誇りが回復できるとの立場である。自民党は、**憲法改正**のために、衆参両議院で2/3以上の議席を確保しなければならない。一方の社会党は、憲法改正を阻止するために断じて議席を減らせない。日本政治は、保守か革新かという政治思想の対立に、議席と利権をめぐる権力争いがからんでいくことになる。

■「対米自主」は可能だったのか

鳩山一郎・石橋湛山《たんざん》・岸信介《のぶすけ》ら1950年代後半の首相は、吉田路線に否定的で、対米自主外交を強調した。しかし、「自主」といっても程度問題であり、冷戦で資本主義陣営に属し、アメリカの「核の傘」に守られていることが大前提であった。

「友愛」を政治スローガンに掲げる鳩山が重視したのが、サンフランシスコ平和条約への調印を拒否していたソ連との国交回復だった。国交回復交渉は難航したが、1956（昭和31）年1月には、自民党の有力政治家であった河野《こうの》一郎農林水産大臣の活躍もあって日ソ漁業協定が成立し、10月、ようやく日ソ共同宣言に調印してソ連との国交回復が実現した。これにより、ソ連が反対しなくなったため日本の国際連合加盟が認められた。ただし、自主路線のようにみえるこうした外交政策も、事前にアメリカと相談しておこなわれた。戦後の日本は、日米安全保障条約と国連中心主義を外交の基本としてきたが、あくまで対米関係を優先するのが厳しい国際情勢のなかで日本が生き残っていくための現実的な方策だった。また、ナショナリズムは反核や反米の議論と接点があったとはいえ、憲法を改正して再軍備をするという主張と平和主義が結びつくはずはなかったし、明確な反米も実際の外交では不可能だった。

55年体制では、自民党はつねに政権党だったが、内部では激しい派閥対立が繰り広げられた。同じ党でありながら、敵対派閥とは徹底的に対決した。対米自主外交も、反吉田を象徴する議論であった。しかし、政権党である以上、机上の空論をもてあそぶわけにはいかず、反吉田派といえども、アメリカとの関係を根本的に見直す方針ではなかった。一方、社会党は革新の立場から与党批判をしつづけた。自民党の独裁を防ぐ批判勢力としての役割は重要だったとはいえ、実際的な政策遂行能力をつけることなく、万年野党化していったのである。その結果、政治は与党内・与野党間の目前の利害調整にあけくれることになり、外交や安全保障問題にかんする長期的・戦略的な課題は、本格的に検討しないまま放置されることになった。

■

◎**翼賛選挙**＝1942年におこなわれた衆議院選挙。8割以上の議員が、軍部の方針と戦時体制を支持するための大政翼賛会の推薦を受けて当選した。

◎**社会党再統一**＝サンフランシスコ平和条約への賛否をめぐって分裂していた社会党は、1955年10月に再統一した。

◎**憲法改正**＝日本国憲法第96条では、憲法改正は、衆参それぞれの議院で2/3以上の議員の賛成をもって国会が発議し、国民投票で過半数の賛成を得て、天皇が改正を公布することになっている。

●**さらに学びたい人のために▶▶▶**池田慎太郎『独立完成への苦闘』吉川弘文館、2011年。

年	出来事
1985	プラザ合意
1989	ベルリンの壁撤去
1993	非自民連立内閣成立
2001	米で同時多発テロ
2003	米・英、イラク攻撃
2011	東日本大震災

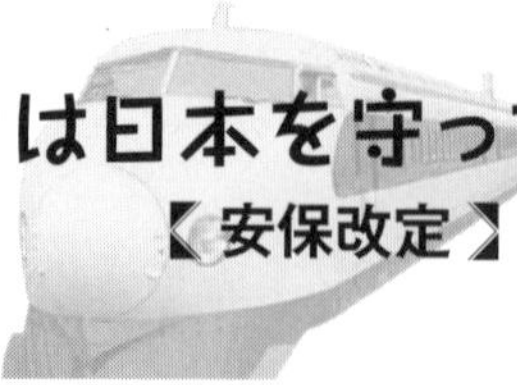

39 アメリカは日本を守ってくれるのか
【安保改定】

■集団的自衛権

　自衛権とは、自分の国を自分で守る権利だ。くわえて、現在の国際法では、自国の死活的な安全や利害にかかわる国への侵略に共同で防衛することも自衛権とみなされる。これを集団的自衛権という。たとえば、日米安全保障条約に基づき、アメリカが日本への侵略に対して共同防衛するのが、集団的自衛権の行使となる。

　日本も国家の権利として自衛権をもっている。ただし、憲法第9条に、「国際紛争を解決する手段としては」武力行使をしないと定めているため、集団的自衛権はもっているが使えないというのが、これまでの政府見解である。

　武力行使の可能性を最小限にする憲法の精神は尊いが、次のような疑問が残る。アメリカは日本が侵略されたとき日本人と一緒に身を張って戦ってくれるが、アメリカが侵略されても日本は一緒に戦わない。国連の平和維持活動で危険な地域に自衛隊が派遣されても、武力行使をする事態になれば、ほかの国の部隊に守ってもらいながら自分だけ逃げる。「それはないだろう」と思うかもしれないが、集団的自衛権を行使できない以上、そうするしかないのである。自分は武力で守ってもらうが、武力で助けることはしない。そんな日本を本当にアメリカは守ってくれるのだろうか。

■新日米安全保障条約

　1957（昭和32）年2月、病気にたおれてわずか2ヵ月で総辞職した石橋湛山に代わり、岸信介が首相となった。岸は、統制経済に

1954 自衛隊発足
1956 日ソ共同宣言
1964 東京オリンピック
1965 ベトナム戦争激化
1972 沖縄祖国復帰実現
1972 日中共同声明
1978 日中平和友好条約調印

積極的な革新官僚として活躍し、満州国の総務庁次長や東条英機内閣の閣僚を歴任した。敗戦後は戦争を計画したとしてA級戦犯容疑者となった。戦犯としては不起訴になったが、戦後の首相が戦前の軍国主義体制と距離をとった人物が続いたことを思えば、やはり異質な感じはいなめない。

岸は、公職追放解除後に政界に復帰した当初から、自主憲法制定と自主外交を訴えた。そして、政権を握ると、最初の重要課題として日米安全保障条約の改定を目標にした。サンフランシスコ平和条約調印と同時に結ばれた安保条約はいわば不平等条約だった（36参照）。これを対等な条約にしないままで自主外交はありえないとの考えからだ。では、改定のポイントは何だったのか。

一つは、日本が基地を提供する代わりにアメリカが日本の防衛義務を負うこと。もう一つは、極東以外の作戦に日本の基地を使用する場合や核兵器を持ち込む場合に事前協議をおこなうことだった。そのほかにも、日本の内乱にアメリカ軍の出動を認めている条項の削除、条約に期限を設けることが主要な改定事項となった。

日米の対等制を強調するためにはギブ・アンド・テイクでなければならない。つまり、日本を守ってもらうかわりにアメリカ軍の日本駐留を認めるということである。この点は、日本国民のアメリカへの反発をおさえることにもなるから、アメリカも受け入れざるを得なかった。集団的自衛権を行使できない日本は、日本領土内にある米軍基地が攻撃された場合、自衛権を発動して米軍と共同防衛することで、何とか日米相互防衛の形式を整えた。

しかし、アメリカは基地の自由使用を制限されることには抵抗した。とくに、核の問題はデリケートだった。核兵器を日本の基地に自由に持ち込めなくなるのは、アメリカの軍事戦略としては認められない。一方、核アレルギーともいうべき世論がある日本政府としても、核を自由に持ち込まれては困るし、事前協議で拒否できる立場を貫きたかった。最終的には、日本側は核持ち込みを拒否できると、アメリカはそうではないと、お互いに都合よく理解することになった。「密約」があるのではないかとされてきたことだが、「暗黙の合意」という曖昧なものである（2010年の「いわゆる『密約』問題に関する有識者委員会」の結論）。

■安保闘争

日米交渉は複雑をきわめたが、1960年1月、新日米安全保障条約と**日米地位協定**が調印された。日米両国は防衛やその他の分野で協力すること、条約が適用されるのは日本と極東の有事の際であること、在日米軍の活動や装備にかんして事前協議をすること、条約の期限を10年とすることなどが約束された。

すでに、条約改定交渉がおこなわれているときから、安保条約は日本をアメリカの戦争に巻き込むものだとの反対があったが、条約批准のために国会の審議にかけられたことで、野党・学生・知識人の安保反対運動は本格的に展開されていく。5月19日に特別委員会で強行採決され、翌日には社会党議員を排除して本会議で可決された。ここにいたって、民主主義の危機であるとの声が高まり、連日デモ隊が国会を取り囲んで警察と衝突する事態になった。憲法第61条で、条約批准は衆議院の議決後30日以内に参議院が議決しなければ衆議院の議決が国会の議決となると定められている。つまり、新安保条約は、衆議院を通過後、参議院の審議を進めず6月19日まで待てば自然成立するということだ。これを阻止するにはもはや実力による政府打倒しかないとの判断から、安保闘争は激化したのである。

6月15日には、デモ隊と警官隊の衝突のさなか、東大の女子学

生が圧死した。この日のデモ参加者はじつに33万人。岸は自衛隊の出動を要請したが、赤城宗徳《あかぎむねのり》防衛庁長官は拒絶した。19日、条約は自然成立したが、23日に岸内閣は総辞職を余儀なくされた。

安保闘争は、岸が日本を戦前に戻そうとしているというイメージも手伝って、空前の規模に拡大した。安全保障が問題になったが、その背景には、独立国となったはずの日本がアメリカに従属していることへの不満があった。また、戦前の価値観が全否定されていくなか青年期をむかえた若者の不安と混乱の現れでもあった。

ところで、安保闘争はたしかに大規模であったが、必ずしも幅広く国民が支持したわけではなかった。大学生や知識人といったエリートが起こした混乱を、冷ややかに見る人々も多かった。批准がすむと、安保闘争は急速におさまり、11月の総選挙では自民党が大勝することになる。

安保闘争は、自民党に教訓を残した。憲法改正や安全保障を表立って議論するのはタブーということだ。政権を維持するためには、経済成長政策を全面に押し出し、利益の配分に集中すればいい。鳩山内閣から岸内閣にかけて続いた反吉田路線は、自民党の伏流となり、ふたたび軽武装・経済発展優先路線が主流となる。政治の季節は終わりをむかえた。

■

◎**日米地位協定**＝基地の施設や在日アメリカ軍の地位に関して定めたもの。ちなみに、この協定以外で日本が負担する在日米軍の駐留経費は「思いやり予算」と呼ばれ、2012年度は1867億円が計上されている。

●**さらに学びたい人のために▶▶▶**坂元一哉『日米同盟の難問』PHP研究所、2012年。

年	出来事
1985	プラザ合意
1989	ベルリンの壁撤去
1993	非自民連立内閣成立
2001	米で同時多発テロ
2003	米・英、イラク攻撃
2011	東日本大震災

40 高度経済成長

【世界第2位の経済力】

■核戦争の危機

1957（昭和32）年、ソ連はアメリカに先だって人工衛星の打ち上げに成功した。この事件はアメリカに衝撃を与えた。人工衛星はロケットで打ち上げるが、ロケットの先端に核弾頭を装備すれば核ミサイルになる。つまり、ソ連はロケットを使ってアメリカを核攻撃できるということだ。翌年、アメリカはNASA（アメリカ航空宇宙局）を設置し、膨大な資金と資源をつぎこんで宇宙開発を推進していくことになる。

飛行機で核爆弾を落とす場合、当時の爆撃機の航続能力ではソ連はアメリカ本土を攻撃できなかったが、アメリカは西ヨーロッパの同盟国の基地から爆撃機を飛ばして、ソ連本土を攻撃できた。しかし、長距離を飛ぶミサイル（ICBM＝大陸間弾道ミサイルなど）が開発されたことで、核攻撃の恐怖は、米ソだけでなく地球全体に広がった。

1962年には、カリブ海に浮かぶ**キューバ**に、ソ連が中距離核ミサイルを配備するのをアメリカが阻止しようとして、一触即発の事態となった。キューバ危機である。米ソの開戦は回避されたが、核戦争がいつ起きても不思議ではないことを世界はあらためて思い知った。キューバ危機の反省から、部分的核実験停止条約が結ばれたが、核開発はその後も進められた。64年には中華人民共和国が原爆実験に成功し、米ソ英仏中の五大国が核兵器を保有することになった。

他方、フランス領から独立してベトナムの統一をめざすホー・

1954 自衛隊発足
1956 日ソ共同宣言
1964 東京オリンピック
1965 ベトナム戦争激化
1972 沖縄祖国復帰実現
1972 日中共同声明
1978 日中平和友好条約調印

チ・ミンが社会主義を選択したため、アメリカは反共主義である南ベトナム政権への支援を強化していった。1964年以降、アメリカは直接の軍事介入を開始した。世界最強のアメリカ軍であれば、すぐに決着がつくものと思われた。ところが、戦争は長期化した。熱帯雨林を利用したゲリラ作戦に近代兵器では対応できなかったからだ。植民地主義に反対することを国是とするアメリカが、なぜベトナムを攻撃するのか。大義なき戦争は泥沼化していく。

一方、ソ連は、東ヨーロッパを勢力圏として維持するためには軍事力の行使を躊躇しなかった。56年にはハンガリーが（ハンガリー動乱）、68年にはチェコスロヴァキアが（プラハの春）、自由化を求めて政治改革を実施しようとしたが、いずれもソ連軍に鎮圧された。

米ソ直接対決による核戦争こそおきなかったが、世界各地で冷戦の悲劇が繰り返されたのである。

■東京オリンピック

1956年の経済白書には「もはや戦後ではない」という有名な一節があった。戦後復興が終わったという意味ではなく、1955年のGNP（国民総生産）が戦争前の日本の経済水準に戻ったということである。当時の政府は、戦前の日本経済の最高期だった1934年～36年を平均した水準をとりあえずの経済目標に掲げていた。戦時期と占領期は、日本経済にとって「失われた20年」だったといえる。その後の成長は急速だった。1959年にはGNPは戦前の2倍に達した。経済規模が急激に拡大する「高度経済成長」の時代が到来したのである。

安保闘争の混乱をへて、岸信介のあとに首相となったのは池田勇人《はやと》である。池田は強権的な自民党政権のイメージを打ち消しため、「寛容と忍耐」をキャッチフレーズに低姿勢を演出した。また、「国民所得倍増計画」を発表し、国民の目を豊かさの実現に向けた。

国民生活は急速に変化していった。洗濯機は主婦の労働を軽くし、冷蔵庫は食生活を変えた。ちゃぶ台の周りに集まった家族は、白黒テレビに映るプロレスや野球の中継に熱中した。工場は人手不足だった。中学を出た農村の若者は「金の卵」として都市の労働者となった。明治の「文明開化」も大変革だったが、高度経済成長によって日本社会はそれまでとまったく違う姿に変貌していく。

1964年10月10日、晴れわたる国立霞ヶ丘陸上競技場で昭和天皇が東京オリンピックの開会を宣言した。オリンピックの開催により、日本は復興と経済成長を世界にアピールすることになる。オリンピック開催直前には、東京・大阪間で東海道新幹線が開通し、技術力においても日本が先進国であることを示した。1960年代の日本は、活気に満ちた明るい時代だった。

■エコノミックアニマル

東京オリンピックが開催された1964年に、日本は先進国の国際経済協議機関であるOECD（経済協力開発機構）への加盟が認められた。また、IMF（国際通貨基金）で、国際収支の赤字を理由に為替制限のできない国（8条国）に移行し、先進国入りをはたした。この年の経済成長率は9.5%。翌年は落ち込んだといっても6.2%。その後は11%が2年連続し、68年には12.4%を記録。ついにGNPは資本主義国中で第2位となった。

しかし、繁栄を謳歌する日本人は、経済成長のことしか考えない、仕事のことしか頭にない「エコノミックアニマル」だといわれるようになる。フランスのド・ゴール大統領は経済の話題ばか

1954 自衛隊発足
1956 日ソ共同宣言
1964 東京オリンピック
1965 ベトナム戦争激化
1972 沖縄祖国復帰実現
1972 日中共同声明
1978 日中平和友好条約調印

りする池田首相を「トランジスターラジオのセールスマン」と評した。急速な発展に対する嫉妬もあったが、厳しい国際政局のなか、アメリカの「核の傘」に守られながら、自国だけの平和と繁栄を享受する日本への違和感からくる評価でもあった。もちろん池田首相にも外交方針はあった。アメリカと西ヨーロッパ諸国とならんで、自由主義陣営の三本柱になるというものだ。アジア地域で独自の立場を築くことで日本の国際的地位向上をめざすのではなく、欧米協調主義を優先させるということである。日本が対米自主外交を唱えれば、かつての大東亜共栄圏の影がちらついてしまう。そうした疑念をもたれないようにして、欧米諸国を相手にいっそう経済関係を緊密にすることが、軽武装・経済発展優先という吉田茂の路線を定着させるには、もっとも適した方策だった。

東京オリンピックの開会式に池田は病院から出かけた。本人には隠されていたが、喉頭癌だった。1964年11月、池田内閣は総辞職し、佐藤栄作内閣が成立する。60年代後半になると、世界第2位の経済大国となった日本には、それなりの役割が求められるようになる。戦争の精算・核問題・沖縄問題など、覚悟を決めてのぞまなければならない問題は未解決のままであったが、国民の多くは日本だけの平和に目を向けがちで、安全保障や憲法論議には無関心になっていった。少なくとも外交問題については、日本はいまだ「戦後」だった。

■

◎**キューバ**＝1959年、カストロらがキューバ革命を起こした。アメリカは近接国の社会主義化を妨害したため、カストロはソ連に接近した。1961年以降、アメリカとキューバは国交断絶状態が続いている。

◉**さらに学びたい人のために▶▶▶**藤井信幸『池田勇人　所得倍増でいくんだ』ミネルヴァ書房、2012年。

41 戦後の終わり？
【沖縄返還】

■沖縄の位置

現在の沖縄は、かつて琉球王国という独立国家であった。琉球王国は絶海の孤島ではなく、アジア各地を結ぶ海の道の中継点として交易で繁栄した。1429（正長《しょうちょう》2）年の尚巴志《しょうはし》による沖縄島の統一後、琉球王国は中国王朝に朝貢《ちょうこう》していたが、1609（慶長14）年には島津氏が侵攻して支配下においた。それ以後、琉球王国は中国と日本に両属することになる。しかし、明治維新以後、西洋国際体制に参入した日本は両属関係を認めず、1879（明治12）年に沖縄県を設置して琉球王国を滅ぼした（琉球処分）（06参照）。日本併合後も、沖縄は日本本土と区別され、貧困に苦しむ人々の多くは移民になった。沖縄や北海道の近代は、日本の「内なる植民地」としての歴史であったことを再確認しておきたい。

アジア太平洋戦争が最終段階をむかえつつあった1945（昭和20）年4月には、アメリカ軍の沖縄侵攻が開始され、3ヵ月間の激戦の結果、多数の兵士はもちろん、約10万人もの一般市民が犠牲となった。日本軍が壊滅したのち、アメリカは沖縄を軍政下においた。占領下で沖縄諸島・奄美諸島（1952～53年に返還）・小笠原諸島（1968年に返還）は日本から切りはなされ、アメリカが重要軍事拠点として直接支配した。1951年のサンフランシスコ平和条約でも、沖縄は日本に返還されず、アメリカが施政権をもつ信託統治とすることが決められた。

冷戦が激化するなか、沖縄の戦略的重要性は増していた。社会主義化した中国や、政情が安定しない南アジア・東南アジアに対

1954 自衛隊発足
1956 日ソ共同宣言
1964 東京オリンピック
1965 ベトナム戦争激化
1972 沖縄祖国復帰実現
1972 日中共同声明
1978 日中平和友好条約調印

してアメリカがにらみをきかせるために沖縄の基地が不可欠だったからである。軽武装国となった日本にとっても沖縄の米軍の存在は安全保障上必要であった。

■佐藤の決意

高度経済成長に成功した日本は、先進国として国際社会で経済面の存在感がました。1964(昭和39)年11月、病気で総辞職した池田勇人に代わり、佐藤栄作が首相となった。佐藤は岸信介元首相の実弟だったが、自分を登用した吉田茂を政治の師と仰いでいた。吉田はサンフランシスコ平和条約で沖縄に対するアメリカの施政権を認めた一方、潜在的な主権は日本にあることをダレス特使との間で確認していた。日本に主権がありながらアメリカが支配している不正常な状態をあらためなければならない。佐藤は沖縄返還を政権の重要目標とした。

> **沖縄同胞のみなさん。私は、只今、那覇飛行場に到着いたしました。……私は沖縄の祖国復帰が実現しない限り、わが国にとって戦後が終わっていないことをよく承知しております。これはまた日本国民すべての気持ちでもあります。**

1965年8月、沖縄を訪問した佐藤は、沖縄返還実現にかける決意を訴えたが、現実には課題が山積していた。返還後に米軍基地の自由使用を認めれば、日本の主権が侵害されるうえ、アメリカの軍事戦略の片棒をかつぐものとして、野党から激しく批判される。核問題に敏感な世論を考えると、有事の際に米軍が核兵器を持ち込むことを認めるわけにもいかなかった。しかし、こうした日本側の主張を明確にすれば、アメリカは交渉のテーブルにすらつかないことが予想された。**ベトナム戦争**に苦戦していたアメリカにとって、沖縄の基地は重要であったし、同盟国である日本が苦境にあるアメリカの不利になるような外交案件を持ち出すこと

1985	1989	1993	2001	2003	2011
プラザ合意	ベルリンの壁撤去	非自民連立内閣成立	米で同時多発テロ	米・英、イラク攻撃	東日本大震災

自体が不快なことだった。また、復興期には日本製品の対米輸出におおらかであったアメリカでは、日本が経済発展するにつれて、繊維業界を中心に日本製品の輸入規制を求める声が高まっていた。返還の条件として日本が輸出規制を受け入れれば、こんどは国内の繊維業界の反発が高まり、自民党政権への打撃となることはまちがいなかった。

佐藤は、外務省だけでなく、若泉敬《わかいずみけい》京都産業大学教授を密使として交渉に当たらせるなど、さまざまなルートを通じて日米間の意思疎通をこころみていった。1967年11月の佐藤・ジョンソン（米大統領）会談で、「両3年以内」に沖縄を返還するとの合意ができた。佐藤はその日の日記に次のように想いを綴っている。

> **吉田、ダレスの二人で桑港《サンフランシスコ》条約が出来、さらに二人のお芝居で沖縄を第三条で占領を認め、その結果が今日の交渉となったのだ。その二人今やなし。天国で何を語りおるか。今日の地上の共同コムミニケを何と見るか。誠に感無量。**

ここにいたって沖縄返還は具体性をおび、「核抜き・本土並み」が返還の旗印として掲げられることになる。

■密約

「核抜き・本土並み」とはどういう意味だったのか。佐藤は、のちに「非核三原則」（核兵器を製造せず、持たず、持ち込ませず）となる日本の核兵器にかんする基本方針を表明していた。よって、返還後の米軍基地に核兵器が存在することは認められなかった。一方、基地の全面撤廃を求める声もあったが、アメリカが認めるはずもない。そこで、安保条約の適用が「本土並み」なのか、基地の存在が「本土並み」なのか、経済が「本土並み」なのか、あいまいな表現を用いた。

1969年、アメリカでは民主党政権が倒れて、ベトナム戦争の

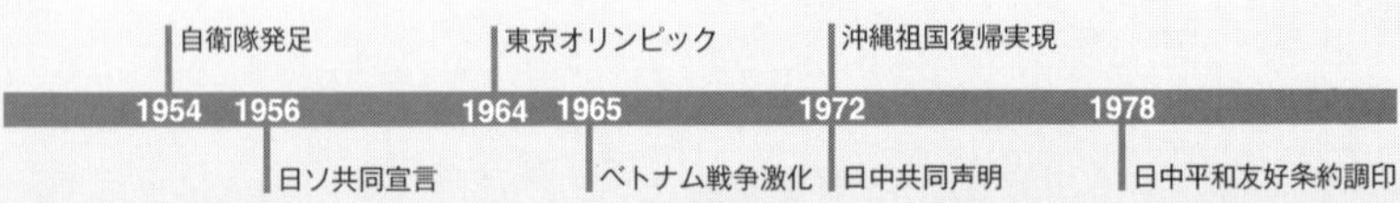

終結を公約した共和党のニクソンが大統領に就任した。新政権は、繊維業界の圧力もあって、日本製品の対米輸出自主規制を強く求めてきた。また、基地への核兵器持ち込みも黙認するよう要求した。佐藤は決断した。核兵器と繊維輸出規制について密約を結ばざるを得ない。

11月19日、佐藤・ニクソン会談で「核抜き・本土並み」の沖縄返還が合意された。会談後、ニクソンは佐藤を執務室の隣の小部屋に誘った。そこで、二人は「合意議事録」にイニシャルだけのサインをした。有事の際の日本への核持ち込みを認める内容だった。この議事録は、外務省にも知らされなかった。一方、日米間では日本側の繊維品自主規制の秘密交渉をおこなうことも合意された。繊維問題は、1972年に日本の自主規制で合意したが、「糸と縄の交換」(繊維問題で妥協して沖縄を返還してもらった)と批判された。

1972年5月15日、ついに沖縄は日本に復帰した。沖縄返還では野党から激しい追及をうけ、世論の支持も失われており、7年半の佐藤政権はもはや限界を迎えていた。しかし、佐藤にとっては、吉田茂の残した「宿題」を解決して、戦後を終わらせることができた瞬間だった。返還の1ヵ月後、佐藤は新聞記者を追い出して独りでテレビカメラに向かって異例の退任記者会見をおこなった。「一国の宰相は孤独なものだ」と語った。佐藤は密約のことはいっさい触れず世を去った。「合意議事録」が発見されるのは、40年を経た2009年、佐藤の長男宅でのことだった。

■

◎**ベトナム戦争**＝ホー・チ・ミンがフランスから独立を求めた戦争に勝利したが、ベトナムの社会主義化を懸念したアメリカは、1964年から本格的に軍事介入した。戦争は長期化し、アメリカ国内外で激しいベトナム反戦運動がおきた。1973年のパリ協定で、アメリカはベトナムから撤退した。

●**さらに学びたい人のために▶▶▶**中島琢磨『高度成長と沖縄返還』吉川弘文館、2012年。

1985 プラザ合意
1989 ベルリンの壁撤去
1993 非自民連立内閣成立
2001 米で同時多発テロ
2003 米・英、イラク攻撃
2011 東日本大震災

42 日中国交正常化

【喧嘩は終わりましたか？】

■二つの中国

略していえばどちらも「中国」だからややこしいが、現在、中国大陸にあるのは中華人民共和国、台湾の方は中華民国という。辛亥革命により共和制となった中国は、軍閥が割拠する混乱をへて、蒋介石《しょうかいせき》による北伐で一応の統一をみた（23参照）。しかし、社会主義をかかげる中国共産党が1921（大正10）年に結成され、蒋介石政権と対立しながら、大きな力をもつようになった。

日中戦争では、当面の敵である日本と戦うため国共合作（国民党と共産党の協力）が実現したが、日本敗北後にふたたび内戦となった。1949（昭和24）年10月、毛沢東《もうたくとう》を指導者として社会主義国家である中華人民共和国が建国され、蒋介石の中国国民党は台湾に逃れた。ここにいたって、中国の正統な政権だと主張する二つの国家ができた。

資本主義陣営と社会主義陣営が対立する冷戦が激化していくなかにあって、広大な中国大陸に社会主義政権が誕生したことは、アメリカにとって深刻な事態だった。アメリカは中華人民共和国の存在を認めず、中華民国を中国の政権とする立場を貫いた。国際連合でも実際には台湾しか支配していない中華民国が中国を代表するという異常な事態となった。

日本は難しい立場だった。意外に思われるかもしれないが、敗戦後の日本の首脳部は、軍国主義は反省したが、大東亜共栄圏の理念への反省は薄かった。戦争に負けても日本がアジアで唯一の「文明国」なのだから、日本がアジアを指導していくのは当然で、

1954 自衛隊発足
1956 日ソ共同宣言
1964 東京オリンピック
1965 ベトナム戦争激化
1972 沖縄祖国復帰実現
1972 日中共同声明
1978 日中平和友好条約調印

そうしなければアジアの国々はうまくやっていけないと考えていたのだ。また、資源の供給地・市場としても中国大陸は重要だった。吉田茂首相は、中国で社会主義は浸透せず、貿易などの経済関係は復活できるとみていたようだ。

しかし、アメリカの方針は明確で、日本が中華人民共和国と国交を結ぶことを許さなかった。サンフランシスコ講和会議には、中華人民共和国と中華民国のどちらを正統政権とするか、各国間で意見がまとまらず、双方とも招かれなかった。資源と市場を求める日本としては、中華人民共和国との関係修復が望まれたが、結局、中華民国との間で平和条約が締結された。1952年の日華平和条約で日中間の戦争状態は終結し、付属議定書で中華民国は日本への賠償請求権を放棄した。

■政経分離

日本は中華人民共和国と経済関係を復活する望みは捨てなかった。1952年から民間レベルの貿易が再開され、**長崎国旗事件**(1958年)による断絶があったが、1962年には廖承志《りょうしょうし》と高碕達之助《たかさきたつのすけ》が協定に調印し、貿易は再開された(LT貿易)。日本の「政経分離」(政治問題と経済問題を切り離して考える)という主張が認められたかたちとなった。その後、日中間の貿易は着実に進展したが、現実には「政経分離」は困難だった。国際関係が大きく影響したのはもちろんだが、日中双方の国内政治状況も影響したからだ。

与党自民党内には、中華人民共和国との関係修復に批判的な親台湾派議員も多くいて、これに党内の派閥争いがからんで、中国問題はしばしば自民党内で対立の火種となった。一方の中国では、政策の失敗から権力を弱めていた毛沢東が、1966年から文化大革命を開始し、粛清《しゅくせい》の嵐が吹き荒れていた。また、中国は、社会主義陣営内の勢力をめぐりソ連との対立も深めていった(中ソ対立）。

■今太閤

転機は突然訪れた。1971（昭和46）年7月、アメリカ政府は、翌年にニクソン大統領が中華人民共和国を訪問する予定だと発表した。思いもよらないことだった。アメリカの姿勢はかたくなで、国際会議で中華人民共和国の代表団がいると横を向いて立ち去るほどだった。そのアメリカの大統領が中華人民共和国を訪問するというのだ。キッシンジャー首席補佐官が極秘で訪中して周恩来《しゅうおんらい》首相と会談をした成果だった。

10月には、国際連合で中華民国が追放されて中華人民共和国が中国の代表権を継承する。翌年2月に中国を訪問したニクソン大統領は、「上海コミュニケ」（共同声明）で事実上中華人民共和国の存在を承認した。

この国際政治の大変動をとらえ、大胆な行動に打って出たのが、田中角栄《かくえい》首相だ。新潟の貧しい農家に生まれ、尋常小学校しか出ていない男が、1972年、ついに日本政治の頂点にたった。豪腕にして繊細な気配りを示すこの政治家につけられたあだ名は「今《いま》太閤《たいこう》」（現在の豊臣秀吉）。党内基盤を固め、政権を盤石にするためにも、外交で大きな得点をかせがねばならない。政権誕生からわずか2ヵ月後の72年9月、田中はみずから北京にのりこんだ。

交渉は難航したが、9月29日、日中共同声明が発表された。この声明で、日本は戦争で与えた被害を反省し、中華人民共和国が中国の唯一の合法政権と認めた。中国は、日本への**賠償請求を放棄**した。これにより、日本と中華人民共和国の関係は正常化されたが、中華人民共和国を唯一の政権と認めたということは、中華民国を否認したということであり、中華民国と日本は国交断絶した。

ところで、共同声明の合意ができた9月27日、田中首相は毛沢東主席の書斎に招かれた(第5部扉参照)。毛沢東は田中に言った。「もう喧嘩は終わりましたか?」「会談は友好的でした」と答える田中に、毛沢東は「雨降って地固まるということもあります」と。周恩来首相が交渉の指揮をとり、最後に最高指導者が現れるという中国側の外交演出だった。その後、1978年に日中平和友好条約が締結され、共同声明の内容は再確認された。

ニクソン訪中にはじまる激変の原因は何だったのか。中国は、孤立を深めて米ソ両大国と同時に対立することは不可能だとさとった。アメリカは、ベトナム戦争が泥沼化して威信を失墜させていた。米中関係改善の要因である。経済大国となった日本の支援は、文化大革命で混乱していた中国にとって不可欠だった。膨大な人口と豊かな資源をかかえる中国大陸への経済進出は、さらなる日本経済の発展に不可欠だった。ここに日中の利害が一致した。

日本と中国。隣国であるからこそ、利害が交錯して衝突を繰り返してきた。さまざまなできごとが引き金になって両国間に雨が降ることもある。そのあとどうやって地固めをするのか。つねに考えておくべき課題である。

■

◎**長崎国旗事件**＝1958年5月、長崎市内のデパートで開催されていた「中国切手・切り紙・錦織展示即売会」に暴徒が乱入し、中国国旗(五星紅旗)を破損した事件。
◎**賠償請求放棄**＝日本側は、請求権はすでに日華平和条約で放棄されていると主張し、中国側は激昂した。結局、「請求」の放棄と表現されることになった。
◉**さらに学びたい人のために▶▶▶**服部龍二『日中国交正常化』中央公論新社、2011年。

1985 プラザ合意
1989 ベルリンの壁撤去
1993 非自民連立内閣成立
2001 米で同時多発テロ
2003 米・英、イラク攻撃
2011 東日本大震災

43 象　徴　と　い　う　立　場

【昭和天皇の外交】

■天皇の発言

日本国憲法では、天皇は国民の象徴とされている。一般に国家の代表者として元首がおかれるが、現在の憲法にその規程はない。そうとはいえ、外交儀礼などに元首は欠かせず、天皇が事実上、元首の役割を果たしている。戦前の反省から、天皇大権はなくなり、内閣の助言と承認のもとで国事行為をおこなう天皇は、政治的に無色透明の存在であることが大前提である。

昭和天皇の立場は激変した。敗戦後の新憲法により、統治の総《そう》攬者《らんしゃ》・大元帥《だいげんすい》から象徴になったのである。しかし、戦後しばらくは、天皇本人はもちろん、大臣の意識も簡単には変わらなかった。昭和天皇は、しばしば重大な政治的発言をしていたのだ。

たとえば、1947（昭和22）年には、沖縄にかんしてアメリカの施政継続と日本の潜在的主権を希望する天皇のメッセージが側近を通じてアメリカに伝えられている。また、はじめての社会党の首相であった片山哲《てつ》に政治にはバランスが必要だと諭した。天皇の政治関与を嫌って**内奏**したがらない芦田均への不満ももらした。鳩山一郎政権で外相をした重光葵は、まるで外交大権の輔弼者であった戦前の外相のように天皇に内奏し、天皇もしばしば具体的な意見をのべた。戦後民主主義が定着していくなか、しだいに天皇は政治的発言をしなくなるが、佐藤栄作は、沖縄返還をめぐる密約（41参照）の将来にわたる保障に対して、「最後には天皇陛下だよ」といささか時代錯誤の発言をしたという（若泉敬《わかいずみけい》『他策ナカリシヲ信ゼント欲ス』）。1973（昭和48）年には、増原恵吉《ますはらけいきち》防衛庁

1954 自衛隊発足
1956 日ソ共同宣言
1964 東京オリンピック
1965 ベトナム戦争激化
1972 沖縄祖国復帰実現／日中共同声明
1978 日中平和友好条約調印

長官が、内奏時の天皇の発言を記者団に漏らし更迭《こうてつ》された。「もうはりぼてにでもならなければ」と天皇は言ったそうで、天皇の意識と政治の現実の乖離が明らかになった事件だった。

戦後になっても、昭和天皇は、国民にみせる好々爺《こうこうや》然とした姿とはうらはらに、意識のうえでは「統治の総攬者」であり、大臣たちにとっては「大元帥陛下」であった。象徴天皇が政治に関与することは明らかに憲法違反であるが、どこまでが儀礼・儀式なのかを判別しにくいことも事実である。ここでは70年代の次の2例から、象徴天皇の外交における役割を考えてみたい。

▒天皇訪米

昭和天皇は、皇太子時代に訪れたヨーロッパ（22参照）再訪を希望していたが、天皇の外国訪問には大きな問題があった。戦争責任がむしかえされるかもしれないため、政府は慎重だった。佐藤栄作政権だった1971年、皇太子時代から半世紀ぶりに昭和天皇のヨーロッパ歴訪が実現した。エリザベス英女王は、晩餐会でハッキリと戦争問題に言及したし、オランダでは車に魔法瓶を投げつけられることもあった。しかし、天皇が穏健な立憲君主としての言動に徹したこともあり、結果的に訪欧は成功した。

1975年9月、昭和天皇ははじめてアメリカを訪れた。訪米前のNBCのインタビューでは、訪米が遅れた理由をきかれて「いろいろ面白くない事情があったため」と述べ、終戦は自分で決定したとも述べた。天皇は、役人の用意した文章ではなく、自分のことばで記者の質問に答えた。当時のアメリカ人にとって、天皇は不思議な存在であり、戦争責任などの政治的問題よりも興味津々といったところだった。政府や宮内庁は苦慮した。天皇の戦争責任問題は一つまちがえば大きな外交問題に発展するうえ、天皇の政治利用についての批判があったからだ。革新勢力は、象徴天皇

1985 プラザ合意
1989 ベルリンの壁撤去
1993 非自民連立内閣成立
2001 米で同時多発テロ
2003 米・英、イラク攻撃
2011 東日本大震災

が外交をおこない、戦争責任がうやむやにされることを批判した。保守的立場からは、アメリカへの謝罪外交に天皇を利用することへの反発があった。

政府の心配は杞憂《きゆう》に終わった。アメリカは持ち前の陽気さで昭和天皇を歓迎した。『ニューヨーク・タイムズ』は連日一面で天皇の動向を報道した。ディズニーランドでは、皇后が近寄ってきた子どもを膝にのせてアトラクションを見物した。もちろんこれは、親近感のある天皇像を演出するためのお芝居だったが。

昭和天皇は、訪米の成功を喜んだようで、帰国後の記者会見で「感慨無量であります」と述べた。前年のフォード大統領の来日時には、その好結果を聞いて泣いて喜んだほどで、天皇の日米関係への思い入れは深かった。

■鄧小平《とうしょうへい》の驚き

1978年10月、日中平和友好条約の批准書交換に、中国の実力者鄧小平副総理が来日した。天皇が公式の場で戦争問題に触れる場合は、念入りな調整がおこなわれる。このときも、天皇が政治的発言はできないことを中国側が了解し、簡単な挨拶が交わされるというシナリオになった。天皇と鄧の会見後の宮内庁の記者会見でも、鄧小平が少し過去の問題に触れたが、なごやかな会見だったと発表された。

しかし実際は少々ちがったようである。当時の侍従長入江相政《すけまさ》の日記には次のようにしるされている。

> **10月23日……竹の間で「不幸な時代もありましたが」とご発言。鄧氏は「今のお言葉には感動致しました」と。これは一種のハプニング。**

宮内庁の発表とは反対に、過去に触れたのは昭和天皇だった。鄧小平はたいへんに驚いて体を震わせていたという。同様の発言

1954 自衛隊発足
1956 日ソ共同宣言
1964 東京オリンピック
1965 ベトナム戦争激化
1972 沖縄祖国復帰実現
1972 日中共同声明
1978 日中平和友好条約調印

は、翌年の故周恩来《しゅうおんらい》首相夫人来日のときにも繰り返された。宮内庁は、「今後はお止め願いたい」と天皇に注意をした。天皇が戦争責任を認めたと諸外国に思われれば、補償問題などに波及するおそれがあるし、侵略戦争ではなかったと主張する国内の勢力を刺激することも考えられる。それだけに天皇の発言はたとえ善意のものであっても慎重を要するのだ。ただし、昭和天皇は、朝鮮半島などの旧植民地に対しては元の自国領内のこととして戦争責任があるとは考えていなかったようである。

こうしたエピソードは、政治的意図はないとされる天皇外交が、実際は重大なメッセージとなりうることを示している。現在の明仁天皇は、昭和天皇以上に踏み込んだ発言をしている。1992（平成4）年の訪中時には「我が国が中国国民に多大の苦難を与えた」と明確に言及した。また、2001年には、皇室と朝鮮半島の関係の深さから「韓国とのゆかりを感じる」と述べている。天皇が、国際協調を促進する立場を表明することは好ましい一方で、それ自体が憲法の禁じる政治行為にあたるおそれもある。しかし、外国からみれば、天皇は事実上の元首であり、過去の問題にどう触れるかに注目されるのはいたしかたない。天皇や皇室に対してはさまざまな意見があるが、感情的ではない冷静な議論がすすむことが期待される。

■

◎**内奏**＝天皇に対して、国務大臣などが政務などの報告をおこなうこと。日本国憲法下では法的義務はないが、首相や大臣は内奏をおこなう慣例になっている。

◉**さらに学びたい人のために▶▶▶**岩見隆夫『陛下の御質問』文藝春秋、2005年。

1985 プラザ合意
1989 ベルリンの壁撤去
1993 非自民連立内閣成立
2001 米で同時多発テロ
2003 米・英、イラク攻撃
2011 東日本大震災

44 ロンとヤス

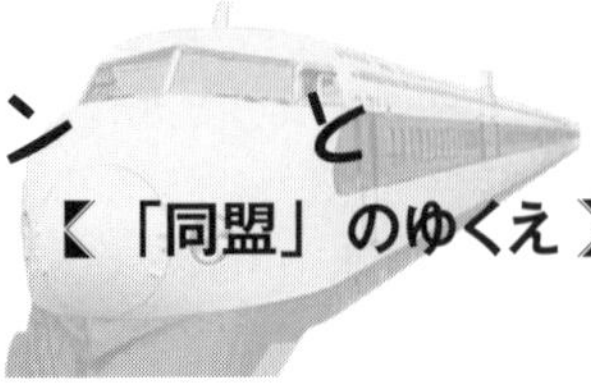

【「同盟」のゆくえ】

■二つのショック

1971（昭和46）年8月、アメリカのニクソン大統領はドル紙幣と金の交換を停止すると発表した。いわゆるニクソン・ショックだ。第二次世界大戦後、アメリカはドルと金の交換を保障し、ドルを中心とした国際経済の安定をはかった。これにより各国通貨はドルとの交換比率を固定することができた。日本の場合、金0.888671g＝1ドル＝360円とされた。しかし、冷戦やベトナム戦争で巨額の軍事費を使ったアメリカの財政は悪化し、ドルの価値は下落していった。一方で、日本やドイツなどの経済成長はめざましく、円やマルクの価値は上昇していった。その結果、アメリカは固定相場制の維持が困難となり、ニクソンの金・ドル交換停止の発表にいたったのである。ドルの大幅な切り下げ（日本の場合1ドル＝308円へ）に各国は応じたが、それでもアメリカはもちこたえられず、73年には変動相場制に移行し、その後もドルは下落した。円高ドル安は、日本の輸出業に深刻なダメージとなり、74年には戦後はじめて経済成長率がマイナスになった。

こうしたなか、1973年10月にイスラエルと戦争になったアラブ諸国は（**第4次中東戦争**）、イスラエル支持国への石油禁輸と価格引き上げを発表した。オイル・ショックである。アラブ諸国からの石油輸入に依存している日本はパニックにおちいった。イスラエルを支持するアメリカは、アラブ諸国の戦略に屈しないように圧力をかけてきたが、めずらしく日本は拒絶し、アラブ諸国よりの立場を鮮明にした。11月には三木武夫《みきたけお》副総理がアラブ諸国

1954 自衛隊発足
1956 日ソ共同宣言
1964 東京オリンピック
1965 ベトナム戦争激化
1972 沖縄祖国復帰実現
1972 日中共同声明
1978 日中平和友好条約調印

を歴訪して経済協力を約束して何とか石油を確保した。日本政府は、アブラ（石油）を求めて必死のアラブ外交を展開した。

ニクソン・ショックとオイル・ショックは、世界経済を混乱させた。もはやアメリカだけで世界を引っぱっていけないことは明らかであり、1975年には先進国の首脳が集まって国際協力を促進するためのサミット（先進国首脳会議）が開かれた。アメリカは同盟諸国の協力を得つつ、中国と関係改善を進め、ソ連とも核管理・制限交渉を促進せざるを得なくなった。

ところで、米ソの緊張緩和（デタント）が実現した背景には、ソ連側の事情もあった。表面的には強気をみせていたが、ソ連経済は停滞し、社会主義体制への不満を抑えるため、ソ連政府はいっそう独裁的になって市民の自由を抑圧した。このことは、軍事力でむりやり従わせていた東欧諸国への指導力低下にもつながった。また、社会主義国同士でありながら、中国との対立は続いていた。ソ連もアメリカとの関係改善を望んでいたのである。

■激動の1979年

1979（昭和54）年2月、イスラム教シーア派の宗教法学者ホメイニを指導者としてイランで革命がおきた。親米派だったイラン皇帝は国外に脱出し、イスラム法学者が統治するイラン共和国が樹立された。11月にはアメリカ大使館が占拠され、400日以上も大使館員らが人質となった。アメリカとイランの関係は決定的に悪化した。1980年9月に革命の波及をおそれた隣国のイラクがイランに侵攻した。アメリカはイラクの独裁者フセイン大統領を支持して軍事援助をおこなったため、イラン・イラク戦争は8年間も続くことになる。

また、1979年の12月、ソ連軍はアフガニスタン侵攻を開始した。アミーン大統領はソ連に殺害され、親ソ連派の政権が樹立された。

アフガニスタンが中東に勢力を及ぼすために重要な位置にあったこと、アメリカが対決を避けると予想したこと、イラン革命の広がりを警戒したことなどが侵攻の理由とされる。

アメリカはソ連を侵略国として厳しく非難した。ソ連のアフガニスタン侵攻を防げず、イランの大使館占拠事件の解決に立ち往生した民主党のカーター政権への批判が強まった。1981年には選挙で圧勝した共和党のレーガンが大統領に就任した。

■戦後政治の総決算

ロナルド・レーガンは、強いアメリカの復活を訴えた。すでに70歳だったが、映画俳優時代につちかった演技力で力強いイメージを演出した。レーガンは、ソ連を「悪の帝国」と呼んで対決姿勢を鮮明にしたため、デタントは終わり「新冷戦」に突入する。一方、レーガンは、福祉国家には批判的で「**小さな政府**」と自由競争を重視した。こうして、政治や軍事面では保守的だが経済面では自由主義という「新保守主義」(ネオコン)の思想が影響力を強めていった。同時期に、イギリスと日本でもレーガンに共鳴する首相があらわれた。「鉄の女」と呼ばれたサッチャー首相と中《なか》曽《そ》根《ね》康弘《やすひろ》首相だ。

指導力を発揮するかと期待された田中角栄首相は、金権政治のスキャンダルにより2年半で総辞職したが、自民党最大派閥のトップとして影響力を維持した。1970年代の自民党政治は、派閥の対立が激化し、歴代首相は政治や外交の理念を打ち出せず、比較的短期間で交代した。中曽根は小派閥だったが、田中派の支援をえて1982年11月に首相の座をつかんだ。当初は「田中曽根内閣」と揶揄《やゆ》されながらも、政治理念を明確にした中曽根は、しだいに権力を固めて5年間の長期政権を維持した。

中曽根は、「日米は運命共同体」だとして、アメリカの軍事戦

略を積極的に支援する姿勢をとった。日米同盟という表現が使われだしたのも中曽根の時からだ。レーガンと中曽根は相性がよく、「ロン」（ロナルドの愛称）・「ヤス」とファーストネームで呼び合う関係になった。1985（昭和60）年には、貿易摩擦対策にくわえ、軍事費増大に苦しむアメリカ財政を支援する意味もあって、ドル安円高誘導政策に合意ができた（プラザ合意）。政府が円高不況を防ぐために金融緩和や内需拡大策をすすめたことで、日本の景気は過熱していく。いわゆるバブル景気の一因は、新冷戦下の日米同盟政策にあった。

「戦後政治の総決算」をスローガンとした中曽根は、対等な日米関係を演出し、**防衛費のGNP1％枠**の撤廃や8月15日の**靖国神社**公式参拝（1985年）など、吉田路線の見直しを積極的におこなった。中曽根の登場は、吉田茂の時代とは比較にならない経済大国になった日本が、安全保障面も含めた国際的役割や、現実に対応できなくなっていた社会のしくみを再考するきっかけとなるはずだった。中曽根の方針への評価は別にして、「総決算」をすべき時期だった。しかし、日本社会はいっそう世界の現実から目をそむけるかのように、空前の繁栄に酔いしれていくのである。

■

◎**第4次中東戦争**＝1948年にユダヤ人国家であるイスラエルがパレスチナに建国された。アラブ諸国はイスラエルを認めず、戦争をくりかえした。1973年10月、イスラエルに占領されていたシナイ半島とゴラン高原を奪回するため、エジプトとシリアがイスラエルを急襲した。イスラエルが反撃に転じ、アメリカとソ連の仲介で停戦した。

◎**小さな政府**＝行政サービスはできる限り民間でおこない、政府の規模を小さくすべきだとする考え方。

◎**防衛費のGNP1％枠**＝防衛費をGNPの1％内に抑える方針。1975年に三木武夫政権で閣議決定した。

◎**靖国神社**＝東京千代田区にある神社。戊辰戦争以来の戦没軍人・軍属を祀っている。戦前は国家神道と結びついていた。1978年にA級戦犯を合祀した。

●**さらに学びたい人のために▶▶▶**村田晃嗣『レーガン』中央公論新社、2011年。

1985 プラザ合意
1989 ベルリンの壁撤去
1993 非自民連立内閣成立
2001 米で同時多発テロ
2003 米・英、イラク攻撃
2011 東日本大震災

45 アジア勃興

〖文明国標準は終わったのか〗

■冷戦の終結

新冷戦は、新たな軍拡競争となった。もともと疲弊していたソ連経済は完全にいきづまった。ついにソ連が動いた。1985（昭和60）年3月、54歳のゴルバチョフがソ連の指導者になった。ゴルバチョフは「ペレストロイカ」（改革）を唱え、情報公開やアメリカとの関係改善にのりだした。1987年には、米ソ間で中距離核戦力（INF）全廃条約が締結された。1989（平成1）年には、東欧諸国の社会主義政権があいついで崩壊し、12月にはゴルバチョフとブッシュ米大統領は冷戦の終結を宣言した（マルタ会談）。

ゴルバチョフはソ連の再生をめざして改革を断行した。しかし、もはや共産党一党独裁体制は限界を迎えていた。1991年8月、保守派がゴルバチョフを軟禁したが、ロシア共和国のエリツィン大統領が抵抗してクーデターは失敗した。同時にゴルバチョフも指導力を失った。12月25日、ソ連は崩壊した。

冷戦の終結によって、アメリカの資本主義・自由主義が勝利し、世界は平和になるはずだった。ところが、当初の楽観はすぐに暗転した。1990年8月、イラク軍が突如クウェートに侵攻した。フセイン大統領は、冷戦が終わったため、もはや米ソ両国は積極的に介入しないだろうと考えたのだ。アメリカは断固とした対応に出た。国連の安保理では、冷戦期とは違い米ソが一致してイラクを非難し、アメリカ軍を中心とする多国籍軍が派遣され、クウェートを解放した（湾岸戦争）。湾岸戦争後も、世界各地で民族や宗教がからむ戦争や内戦が頻発した。冷戦の論理で強制的につくら

1954 自衛隊発足
1956 日ソ共同宣言
1964 東京オリンピック
1965 ベトナム戦争激化
1972 沖縄祖国復帰実現
1972 日中共同声明
1978 日中平和友好条約調印

れてきた政治社会体制が、その終結で崩壊したことが原因だった。

日本も激変の時期に突入する。湾岸戦争では、バブル景気の勢いにのって、じつに130億ドルもの資金援助をしたが、金だけで済ませようとしていると、同盟諸国から非難された。政官財の癒着にからむ汚職事件が繰り返されたが、自民党は自浄能力を発揮できず、国民からみはなされていった。1991年にはバブル経済が崩壊して経済力もかげりはじめた。1993年8月に、細川護熙《もりひろ》非自民党政権が成立し、55年体制が終わった。こうした動きは、冷戦の終結・ソ連崩壊と関係していた。つまり、冷戦下の自民党と社会党は、保守と革新の対立構造を固定化して既得権益を維持していたが、そうした枠組みが消滅したということである。政治は、目前の利害の調整に終始して根本的な問題の解決を先のばしし、国民も日本だけの平和と繁栄に目を奪われてきた。バブル崩壊以降、そのツケがまわってきたといってよい。

■アジアの勃興

米ソ両大国が冷戦の負担から立ち直れず、先進諸国も政治・経済の混乱が続くなか、アジア諸国が急速に発展しはじめた。日本の高度経済成長ののち、台湾・韓国・香港・シンガポール（アジアの四小龍）が発展したが、インドネシア・マレーシア・タイなどの諸国も冷戦後に本格的な経済成長を開始した。中国も改革開放路線を加速させ、社会主義政治体制を維持しつつ自由主義経済をとりいれることに成功した。これらの国々は、民主化が遅れているが、独裁体制による強制的・効率的な開発を実施し、経済発展をすすめたのである。

日本はアメリカ向けの輸出で経済成長を実現したが、アジア諸国の勃興により、日本経済はアジアに依存する構造に変化していった。外交的にもアジアを重視せざるを得なくなった。1978（昭

1985 プラザ合意
1989 ベルリンの壁撤去
1993 非自民連立内閣成立
2001 米で同時多発テロ
2003 米・英、イラク攻撃
2011 東日本大震災

和53）年には、大平正芳《おおひらまさよし》首相が「環太平洋連帯構想」をうちだし、日本とオーストラリアが中心になって、アジア太平洋地域の協力体制構築をめざした。この動きは1989年のアジア太平洋経済協力（APEC）という多国間フォーラムの開催として結実した。

こうした一連の政治外交・経済の動きは、欧米中心の世界秩序・価値観の見直しとも連動した。西洋世界の非西洋世界へのまなざしは偏見に満ちていたとする「オリエンタリズム」論がさかんに唱えられるようになった。また、アジア独自の交易圏の重要性が再発見され、アジア中心の視点で歴史が語られるようにもなった。

■21世紀の文明国標準

冷戦の終結は、アメリカ的価値観の勝利ではなく、西洋文明支配の終わりのはじまりだったのだろうか。たしかに、21世紀をむかえた今日の世界では、欧米諸国の影響力は低下してきている。しかし、たとえば、欧米中心ではない歴史観を描くとき、それがアジア中心であれば、欧米中心史観がアジア中心史観に変わっただけで、方法論は変わらないことになる。また、国民国家の役割は変質しているが、決してなくなっておらず、依然として国際社会の基本は西欧国際体制である。ヨーロッパ発の資本主義・自由主義・民主主義に代わる新しい思想・システムは現れていない。われわれは資本主義的な観点から経済成長の高下に一喜一憂し、自由を抑圧する制度を批判し、いっそう民主的な政治制度を望んでいるのである。

この本は、文明国標準という観点から、近現代の日本と国際社会の関係をえがいてきた。現代の世界に、19世紀の文明国標準が通用しないことはまちがいないが、今、「グローバル化」もしくは「世界標準化」といわれている現象の本質も、文明国標準と

年	出来事
1954	自衛隊発足
1956	日ソ共同宣言
1964	東京オリンピック
1965	ベトナム戦争激化
1972	沖縄祖国復帰実現
1972	日中共同声明
1978	日中平和友好条約調印

似た面が多い。グローバル化は、その価値観の根底に西洋文明があり、その思考は英語でおこなわれるのが一般的だ。世界標準に合わさなければ日本が取りのこされると騒ぐ姿も、文明国標準に直面した明治人の姿を思いおこさせる。

近現代に限ってみても、日本は社会を大きくゆさぶる世界の圧力を何度か経験した。1度目はもちろん幕末の開国である。2度目はアジア太平洋戦争敗戦によるアメリカの占領と社会再編の経験だ。それまでの制度が限界に達し、社会に閉塞感が満ちるなか、世界の変動に合わせて変化するしかないと覚悟を決めたときであった。そう考えると、21世紀の初めあたりから、日本は第3の開国期に入っているのかもしれない。天保の改革が失敗して約20年後の明治維新。日中戦争から約20年後の日本経済復興。それぞれの20年は決して「失われた」20年ではなく、そのときどきの人々はそこから貴重な教訓をえた。

日本の停滞がはじまって20年が過ぎた。この20年も「失われた」ものにはなりえない。歴史を安易に教訓化するのは危険だが、少なくともかつての「失われた」20年後の人々は、さまざまな障害や弊害があっても国際社会に目を向けて立ち上がったことを忘れてはならない。

読者として、とりわけ私が想定した大学生や高校生のみなさんが、21世紀の文明国標準に、新しい方法で適応していくために、この本がほんの少しでも役立てばと思っている。

■

◉さらに学びたい人のために▶▶▶アンドリュー・J・サター『経済成長神話の終わり』講談社、2012年。

世界のGDPの比重の変化

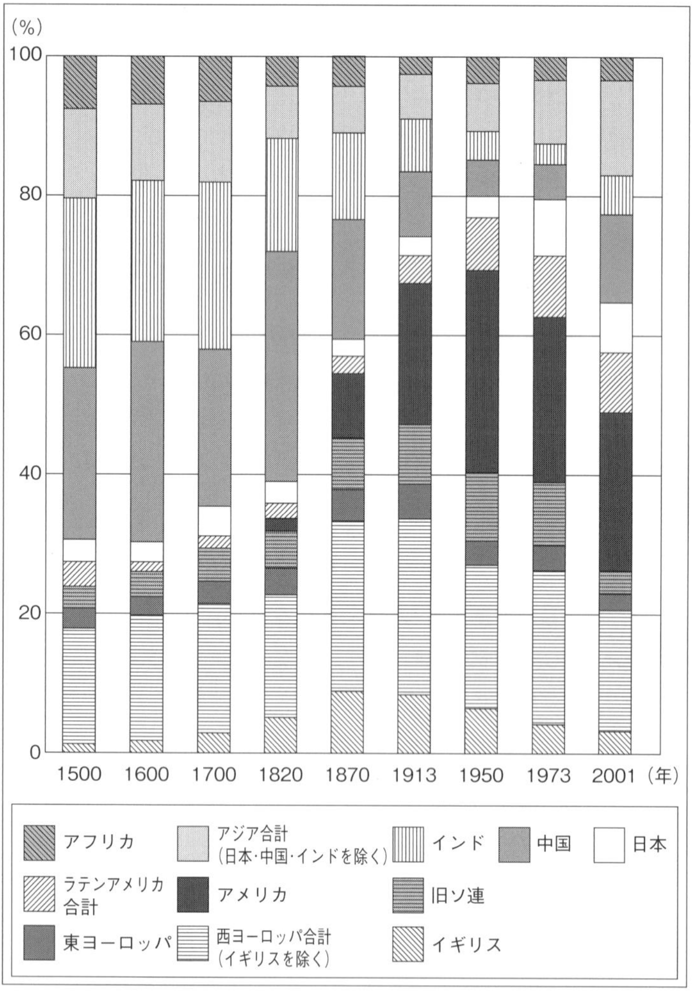

〈出典〉 Angus Maddison, *The World Economy: a millennial perspective*, 2001
(秋田茂『イギリス帝国の歴史』より再引用)

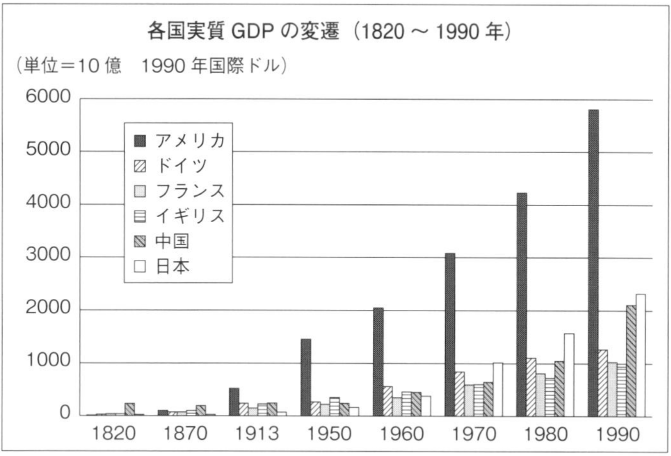
各国実質 GDP の変遷（1820 ～ 1990 年）
（単位＝10 億　1990 年国際ドル）
6000
5000
4000
3000
2000
1000
0
アメリカ
ドイツ
フランス
イギリス
中国
日本
1820
1870
1913
1950
1960
1970
1980
1990

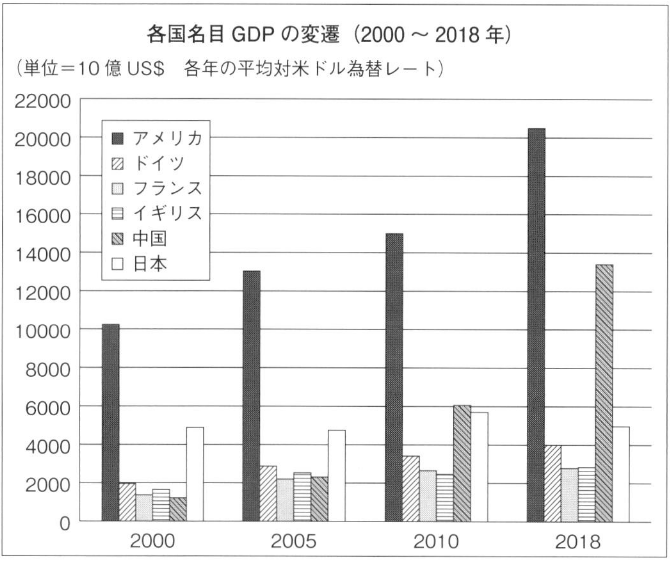
各国名目 GDP の変遷（2000 ～ 2018 年）
（単位＝10 億 US$　各年の平均対米ドル為替レート）
22000
20000
18000
16000
14000
12000
10000
8000
6000
4000
2000
0
アメリカ
ドイツ
フランス
イギリス
中国
日本
2000
2005
2010
2018

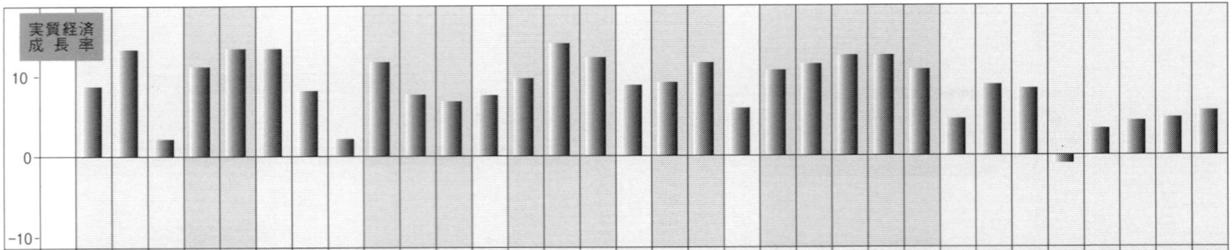

西暦（昭和）	政治・経済情勢
1946（21）	農地改革。企業再建整備法公布
'47（22）	独禁法公布
'48（23）	経済安定九原則発表
'49（24）	単一為替レート実地（一ドル＝360円）
'50（25）	朝鮮戦争。特需景気はじまる
'51（26）	日米平和条約・安保条約調印
'52（27）	農地法公布。日本、ＩＭＦ加盟
'53（28）	独禁法改正。朝鮮休戦
'54（29）	政府総額一兆円の予算案決定
'55（30）	▼経済自立五か年計画（一九五六～六〇） 日本、ガット加盟。アジア・アフリカ会議
'56（31）	白書「もはや戦後ではない」 日本、国連加盟
'57（32）	▼新長期経済計画（一九五八～六二） ソ連初の人工衛星
'58（33）	米、人工衛星　ＥＥＣ発足
'59（34）	米ソ首脳会談　キューバ革命
'60（35）	▼国民所得倍増計画決定（一九六一～七〇）
'61（36）	農業基本法施行
'62（37）	貿易自由化率88％
'63（38）	中小企業基本法施行
'64（39）	日本、ＩＭＦ八条国に移行
'65（40）	▼中期経済計画（一九六四～六八） 米、北ベトナム爆撃。不況で大型倒産
'66（41）	アメリカ、直接投資自由化要請
'67（42）	▼経済社会発展計画（一九六七～七一） 資本取引自由化基本方針決定
'68（43）	アメリカ「ドル防衛白書」発表
'69（44）	新全国総合開発計画発表
'70（45）	▼新経済社会発展計画（一九七〇～七五） 第三次資本自由化三二三業種選定
'71（46）	アメリカ、新経済政策発表
'72（47）	卸売・小売物価急上昇
'73（48）	▼経済社会基本計画（一九七三～七七） 円、変動相場制に移行。石油危機
'74（49）	マイナス成長確定。世界食糧会議
'75（50）	ベトナム戦争終結。独禁法改正案廃棄
'76（51）	▼昭和五〇年代前期経済計画（一九七六～八〇） ロッキード疑獄
'77（52）	独禁法改正
'78（53）	円、東京市場で200円割る

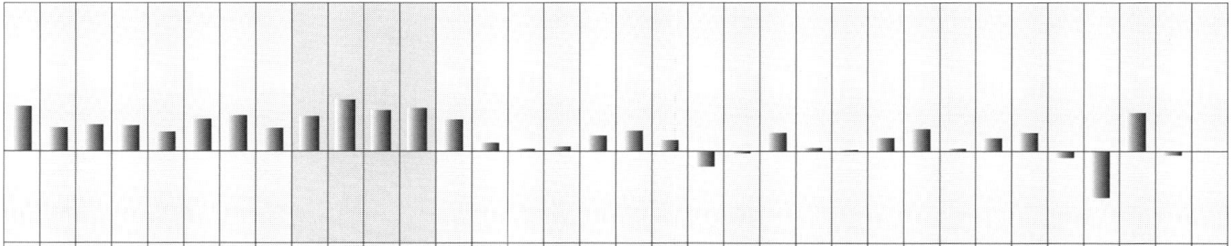

'79(54)	新経済社会七か年計画（一九七九〜八五）　東京サミット。 OPEC原油の大幅値上げ
'80(55)	日米貿易摩擦激化（自動車）
'81(56)	「南北サミット」開催。「行革」、国会へ
'82(57)	「教科書」、外交問題化。「行革」答申出る
'83(58)	▼一九八〇年代経済社会の展望と指針（一九八三〜九〇） 参議院、初の比例代表区戦
'84(59)	「行革」進む、「臨教審」設置
'85(60)	米ソ首脳会議 男女雇用機会均等法成立
'86(61)	円、急騰。円高対策迫られる 定数是正後、初の衆参同日選挙で自民党圧勝
'87(62)	日米半導体摩擦、東芝ココム違反事件 売上税廃案。税制改革四法成立
'88(63)	▼経済運営五か年計画（一九八八〜九二） 牛肉・オレンジの自由化（三年後）決定
'89(平1)	参議院議員選挙で自民党惨敗、与野党逆転へ 消費税法を含む税制改革六法実施
'90(平2)	イラク、クウェート侵攻。東西ドイツ統一 日米構造問題協議、最終報告発表
'91(平3)	ワルシャワ条約機構・コメコン解体 湾岸戦争。南北朝鮮、国連加盟。ソ連、解体
'92(平4)	▼生活大国五か年計画（一九九二〜九六） PKO協力法成立。参院選で自民党復調
'93(平5)	EC統合市場発足。一ドル＝一〇〇円台に。ウルグアイ・ラウ ンド決着。衆議院解散、八党派の連立政権発足
'94(平6)	「政治改革」関連四法成立。自民・社会・さきがけ三党の連立 政権発足。米不足で緊急輸入。製造物責任法成立
'95(平7)	WTOの発足。阪神大震災 地下鉄サリン事件。仏、核実験再開
'96(平8)	CTBTの採択 初めての小選挙区比例代表制衆院選挙実施
'97(平9)	香港返還
'98(平10)	金融監督庁の発足
'99(平11)	東海村原発事故。新ガイドライン関連法、国旗・国歌法、情報 公開法など成立。NATOのユーゴ空爆
2000(平12)	南北朝鮮首脳会談が平壌で開かれる 九州・沖縄サミット
'01(平13)	アメリカで同時多発テロが発生 日本でBSEにかかった牛が発見される
'02(平14)	日朝首脳会談が初めて実施される ユーロ通貨の使用が開始
'03(平15)	有事三法・個人情報保護法の制定 対イラク戦争の勃発。SARSが世界的に発生
'04(平16)	中越地震。自衛隊イラク派遣 国民保護法等有事七法の制定
'05(平17)	郵政民営化法案成立
'06(平18)	北朝鮮、地下核実験実施を発表 陸上自衛隊イラク撤収。冥王星、惑星から降格
'07(平19)	EU27か国に 社保庁改革・年金法成立。郵政民営化
'08(平20)	アメリカ金融危機 後期高齢者医療制度始まる
'09(平21)	金融サミットG20、定例化 消費者庁発足
'10(平22)	COP10愛知県で開催 ギリシャ財政危機
'11(平23)	円高75円台に 福島原発でレベル7の事故
'12(平24)	改正消費税法の成立 ロシアWTOに加盟

（『ニュース解説室へようこそ！ 2014』より引用）

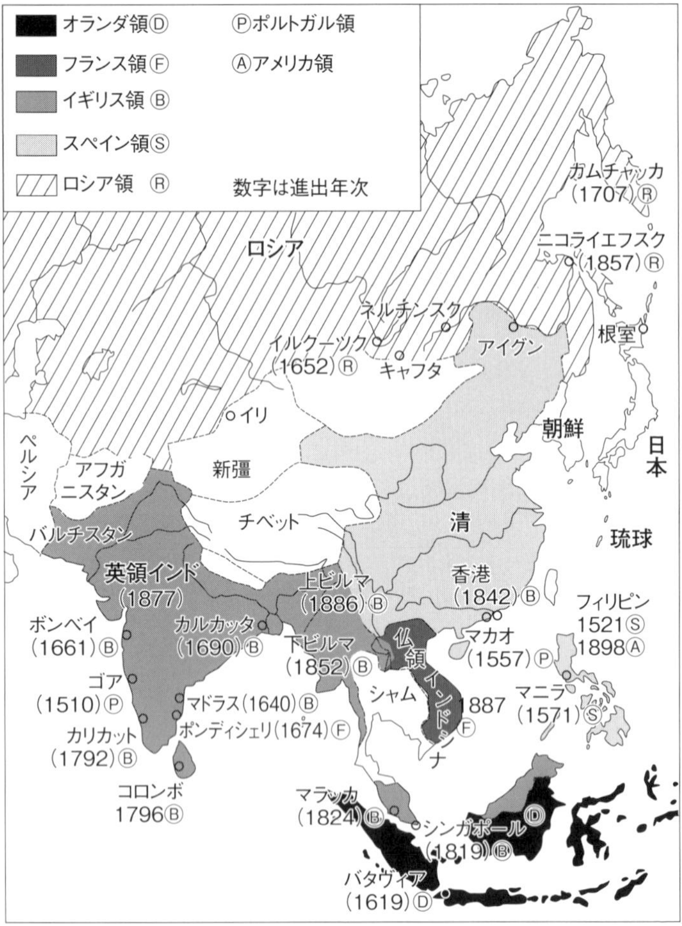
オランダ領Ⓓ
フランス領Ⓕ
イギリス領Ⓑ
スペイン領Ⓢ
ロシア領Ⓡ
Ⓟポルトガル領
Ⓐアメリカ領
数字は進出年次
ロシア
カムチャッカ (1707)Ⓡ
ニコライエフスク (1857)Ⓡ
ネルチンスク
イルクーツク (1652)Ⓡ
キャフタ
アイグン
根室
イリ
朝鮮
日本
ペルシア
アフガニスタン
新疆
チベット
清
琉球
バルチスタン
英領インド (1877)
香港 (1842)Ⓑ
上ビルマ (1886)Ⓑ
フィリピン 1521Ⓢ 1898Ⓐ
ボンベイ (1661)Ⓑ
カルカッタ (1690)Ⓑ
下ビルマ (1852)Ⓑ
マカオ (1557)Ⓟ
仏領インドシナ 1887Ⓕ
ゴア (1510)Ⓟ
マドラス(1640)Ⓑ
シャム
マニラ (1571)Ⓢ
ポンディシェリ(1674)Ⓕ
カリカット (1792)Ⓑ
コロンボ 1796Ⓑ
マラッカ (1824)Ⓑ
シンガポール (1819)Ⓑ
Ⓓ
バタヴィア (1619)Ⓓ

開国期のアジア

日本の領土(植民地)
租借地・委任統治領
樺太
1905
千
島
列
島
(満州)
朝鮮
大韓帝国
南満州鉄道
長春
関東州
1905
青島
1910併合
京城
東京
清
中華民国
山東半島
南京
日本
太
平
洋
小笠原諸島
澎湖諸島
1895
沖縄島
硫黄島
台湾1895
海南島
マリアナ諸島
マーシャル
諸島
南洋諸島
1920委任統治
パラオ諸島
カロリン諸島

1920年代の日本領土

アジア太平洋戦争

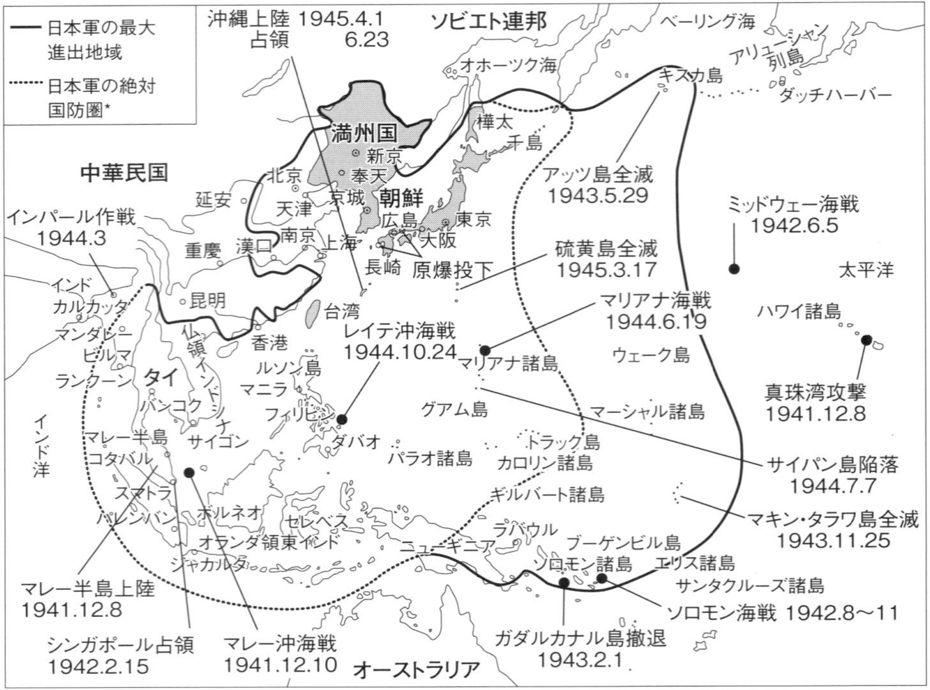
日本軍の最大進出地域
日本軍の絶対国防圏*
沖縄上陸 1945.4.1
占領 6.23
ソビエト連邦
ベーリング海
アリューシャン列島
キスカ島
ダッチハーバー
オホーツク海
樺太
千島
満州国
新京
奉天
北京
中華民国
延安
京城
朝鮮
天津
広島
東京
大阪
南京
上海
長崎
原爆投下
重慶
漢口
アッツ島全滅
1943.5.29
ミッドウェー海戦
1942.6.5
硫黄島全滅
1945.3.17
太平洋
インパール作戦
1944.3
インド
カルカッタ
マンダレー
ビルマ
ラングーン
昆明
台湾
香港
仏領インドシナ
タイ
バンコク
サイゴン
ルソン島
マニラ
フィリピン
ダバオ
レイテ沖海戦
1944.10.24
マリアナ海戦
1944.6.19
マリアナ諸島
ハワイ諸島
ウェーク島
真珠湾攻撃
1941.12.8
グアム島
マーシャル諸島
パラオ諸島
トラック島
カロリン諸島
サイパン島陥落
1944.7.7
インド洋
マレー半島
コタバル
スマトラ
パレンバン
ボルネオ
セレベス
オランダ領東インド
ジャカルタ
ギルバート諸島
マキン・タラワ島全滅
1943.11.25
ラバウル
ニューギニア
ブーゲンビル島
ソロモン諸島
エリス諸島
サンタクルーズ諸島
ソロモン海戦 1942.8〜11
マレー半島上陸
1941.12.8
シンガポール占領
1942.2.15
マレー沖海戦
1941.12.10
オーストラリア
ガダルカナル島撤退
1943.2.1

内閣制度移行（1885年）以降の
日本国歴代内閣総理大臣および外務大臣一覧表

	内閣総理大臣	任期	外務大臣
		明　治	
1	伊藤博文（第1次）	1885（明治18）.12.22～ 1888（明治21）.4.30	井上馨 伊藤博文（総理大臣兼任） 大隈重信
2	黒田清隆	1888（明治21）.4.30～ 1889（明治22）.10.25 （単独辞任）	大隈重信
	三條實美（内大臣兼任）	1889（明治22）.10.25～ 1889（明治22）.12.24	
3	山縣有朋（第1次）	1889（明治22）.12.24～ 1891（明治24）.5.6	青木周蔵
4	松方正義（第1次）	1891（明治24）.5.6～ 1892（明治25）.8.8	青木周蔵 榎本武揚
5	伊藤博文（第2次）	1892（明治25）.8.8～ 1896（明治29）.8.31 （単独辞任）	陸奥宗光 西園寺公望（文部大臣兼任）
	黒田清隆 （枢密院議長臨時兼任）	1896（明治29）.8.31～ 1896（明治29）.9.18	
6	松方正義（第2次）	1896（明治29）.9.18～ 1898（明治31）.1.12	西園寺公望（文部大臣兼任） 大隈重信 西徳二郎
7	伊藤博文（第3次）	1898（明治31）.1.12～ 1898（明治31）.6.30	西徳二郎
8	大隈重信（第1次）	1898（明治31）.6.30～ 1898（明治31）.11.8	大隈重信（総理大臣兼任）
9	山県有朋（第2次）	1898（明治31）.11.8～ 1900（明治33）.10.19	青木周蔵
10	伊藤博文（第4次）	1900（明治33）.10.19～ 1901（明治34）.5.10 （単独辞任）	加藤高明
	※1900（明治33）.11.27～12.12： 病気療養のため、西園寺が臨時代理		
	西園寺公望 （枢密院議長臨時兼任）	1901（明治34）.5.10～ 1901（明治34）.6.2	
11	桂太郎（第1次）	1901（明治34）.6.2～ 1906（明治39）.1.7	曾禰荒助（大蔵大臣兼任） 小村寿太郎
12	西園寺公望（第1次）	1906（明治39）.1.7～ 1908（明治41）.7.14	加藤高明 西園寺公望（総理大臣兼任） 林董

13	桂太郎（第 2 次）	1908（明治 41）.7.14 ～ 1911（明治 44）.8.30	寺内正毅（陸軍大臣兼任） 小村寿太郎
14	西園寺公望（第 2 次）	1911（明治 44）.8.30 ～ 1912（大正 1）.12.21	内田康哉

大　正			
15	桂太郎（第 3 次）	1912（大正 1）.12.21 ～ 1913（大正 2）.2.20	桂太郎（総理大臣兼任） 加藤高明
16	山本権兵衛（第 1 次）	1913（大正 2）.2.20 ～ 1914（大正 3）.4.16	牧野伸顕
17	大隈重信（第 2 次）	1914（大正 3）.4.16 ～ 1916（大正 5）.10.9	加藤高明 大隈重信（総理大臣兼任） 石井菊次郎
18	寺内正毅	1916（大正 5）.10.9 ～ 1918（大正 7）.9.29	寺内正毅 本野一郎 後藤新平
19	原敬	1918（大正 7）.9.29 ～ 1921（大正 10）.11.4（暗殺）	内田康哉
	内田康哉 （外務大臣臨時兼任）	1921（大正 10）.11.4 ～ 1921（大正 10）.11.13	
20	高橋是清	1921（大正 10）.11.13 ～ 1922（大正 11）.6.2	内田康哉
21	加藤友三郎	1922（大正 11）.6.12 ～ 1923（大正 12）.8.24（病死）	内田康哉
	内田康哉 （外務大臣臨時兼任）	1923（大正 12）.8.25 ～ 1923（大正 12）.9.2	
22	山本権兵衛（第 2 次）	1923（大正 12）.9.2 ～ 1924（大正 13）.1.7	山本権兵衛（総理大臣兼任） 伊集院彦吉
23	清浦奎吾	1924（大正 13）.1.7 ～ 1924（大正 13）.6.11	松井慶四郎
24	加藤高明	1924（大正 13）.6.11 ～ 1926（大正 15）.1.28（病死）	幣原喜重郎
	若槻礼次郎 （内務大臣臨時兼任）	1926（大正 15）.1.28 ～ 1926（大正 15）.1.30	
25	若槻礼次郎（第 1 次）	1926（大正 15）.1.30 ～ 1927（昭和 2）.4.20	幣原喜重郎

昭和（戦前）			
26	田中義一	1927（昭和2）.4.20 ～ 1929（昭和4）.7.2	田中義一（総理大臣兼任）
27	浜口雄幸	1929（昭和4）.7.2 ～ 1931（昭和6）.4.14	幣原喜重郎
	※ 1930（昭和5）.11.14 ～ 1931（昭和6）.3.10：銃撃による負傷のため、幣原が臨時代理		
28	若槻礼次郎（第2次）	1931（昭和6）.4.14 ～ 1931（昭和6）.12.13	幣原喜重郎
29	犬養毅	1931（昭和6）.12.13 ～ 1932（昭和7）.5.16 （五・一五事件）	犬養毅（総理大臣兼任） 芳沢謙吉
	高橋是清 （大蔵大臣臨時兼任）	1932（昭和7）.5.16 ～ 1932（昭和7）.5.26	
30	斎藤実	1932（昭和7）.5.26 ～ 1934（昭和9）.7.8	斎藤実（総理大臣兼任） 内田康哉 広田弘毅
31	岡田啓介	1934（昭和9）.7.8 ～ 1936（昭和11）.3.9	広田弘毅
	※ 1936（昭和11）.2.26 ～ 2.28：二・二六事件により、内務大臣後藤文夫が臨時代理		
32	広田弘毅	1936（昭和11）.3.9 ～ 1937（昭和12）.2.2	広田弘毅（総理大臣兼任） 有田八郎
33	林銑十郎	1937（昭和12）.2.2 ～ 1937（昭和12）.6.4	林銑十郎（総理大臣兼任） 佐藤尚武
34	近衛文麿（第1次）	1937（昭和12）.6.4 ～ 1939（昭和14）.1.5	広田弘毅 近衛文麿（総理大臣兼任） 有田八郎
35	平沼騏一郎	1939（昭和14）.1.5 ～ 1939（昭和14）.8.30	有田八郎
36	阿部信行	1939（昭和14）.8.30 ～ 1940（昭和15）.1.16	阿部信行（総理大臣兼任） 野村吉三郎
37	米内光政	1940（昭和15）.1.16 ～ 1940（昭和15）.7.22	有田八郎
38	近衛文麿（第2次）	1940（昭和15）.7.22 ～ 1941（昭和16）.7.18	松岡洋右
39	近衛文麿（第3次）	1941（昭和16）.7.18 ～ 1941（昭和16）.10.18	豊田貞次郎 （拓務大臣兼任）

40	東条英機	1941（昭和 16）.10.18 ～ 1944（昭和 19）.7.22	東郷茂徳 （1941（昭和 16）.12.2 まで拓務大臣兼任） 東条英機（総理大臣兼任） 谷正之 重光葵
41	小磯国昭	1944（昭和 19）.7.22 ～ 1945（昭和 20）.4.7	重光葵
42	鈴木貫太郎	1945（昭和 20）.4.7 ～ 1945（昭和 20）.8.17	鈴木貫太郎（総理大臣兼任） 東郷茂徳（大東亜大臣兼任）

昭和（戦後）			
43	東久邇宮稔彦王	1945（昭和 20）.8.17 ～ 1945（昭和 20）.10.9	重光葵（1945（昭和 20）.8.26 まで大東亜大臣兼任） 吉田茂
44	幣原喜重郎	1945（昭和 20）.10.9 ～ 1946（昭和 21）.5.22	吉田茂
45	吉田茂（第 1 次）	1946（昭和 21）.5.22 ～ 1947（昭和 22）.5.24	吉田茂（総理大臣兼任）
46	片山哲	1947（昭和 22）.5.24 ～ 1948（昭和 23）.3.10	片山哲 （総理大臣による臨時代理） 芦田均
47	芦田均	1948（昭和 23）.3.10 ～ 1948（昭和 23）.10.15	芦田均（総理大臣兼任）
48	吉田茂（第 2 次）	1948（昭和 23）.10.15 ～ 1949（昭和 24）.2.16	吉田茂（総理大臣兼任）
49	吉田茂（第 3 次）	1949（昭和 24）.2.16 ～ 1952（昭和 27）.10.30	吉田茂（総理大臣兼任） 岡崎勝男
50	吉田茂（第 4 次）	1952（昭和 27）.10.30 ～ 1953（昭和 28）.5.21	岡崎勝男
51	吉田茂（第 5 次）	1953（昭和 28）.5.21 ～ 1954（昭和 29）.12.10	岡崎勝男
52	鳩山一郎（第 1 次）	1954（昭和 29）.12.10 ～ 1955（昭和 30）.3.19	重光葵
53	鳩山一郎（第 2 次）	1955（昭和 30）.3.19 ～ 1955（昭和 30）.11.22	重光葵
54	鳩山一郎（第 3 次）	1955（昭和 30）.11.22 ～ 1956（昭和 31）.12.23	重光葵

55	石橋湛山	1956（昭和31）.12.23～ 1957（昭和32）.2.25	石橋湛山 （総理大臣による臨時代理） 岸信介
	※ 1957（昭和32）.1.31～2.25： 脳梗塞による執務不能により、岸が臨時代理		
56	岸信介（第1次）	1957（昭和32）.2.25～ 1958（昭和33）.6.12	岸信介（総理大臣兼任） 藤山愛一郎
57	岸信介（第2次）	1958（昭和33）.6.12～ 1960（昭和35）.7.19	藤山愛一郎
58	池田勇人（第1次）	1960（昭和35）.7.19～ 1960（昭和35）.12.8	小坂善太郎
59	池田勇人（第2次）	1960（昭和35）.12.8～ 1963（昭和38）.12.9	小坂善太郎 大平正芳
60	池田勇人（第3次）	1963（昭和38）.12.9～ 1964（昭和39）.11.9	大平正芳 椎名悦三郎
61	佐藤栄作（第1次）	1964（昭和39）.11.9～ 1967（昭和42）.2.17	椎名悦三郎 三木武夫
62	佐藤栄作（第2次）	1967（昭和42）.2.17～ 1970（昭和45）.1.14	三木武夫 佐藤栄作 （総理大臣による臨時代理） 愛知揆一
63	佐藤栄作（第3次）	1970（昭和45）.1.14～ 1972（昭和47）.7.7	愛知揆一 福田赳夫
64	田中角栄（第1次）	1972（昭和47）.7.7～ 1972（昭和47）.12.22	大平正芳
65	田中角栄（第2次）	1972（昭和47）.12.22～ 1974（昭和49）.12.9	大平正芳 木村俊夫
66	三木武夫	1974（昭和49）.12.9～ 1976（昭和51）.12.24	宮沢喜一 小坂善太郎
67	福田赳夫	1976（昭和51）.12.24～ 1978（昭和53）.12.7	鳩山威一郎 園田直
68	大平正芳（第1次）	1978（昭和53）.12.7～ 1979（昭和54）.11.9	園田直
69	大平正芳（第2次）	1979（昭和54）.11.9～ 1980（昭和55）.6.12（病死）	大来佐武郎
	伊東正義（官房長官による臨時代理）	1980（昭和55）.6.12～ 1980（昭和55）.7.17	
70	鈴木善幸	1980（昭和55）.7.17～ 1982（昭和57）.11.27	伊東正義 園田直 桜内義雄

71	中曽根康弘（第 1 次）	1982（昭和 57）.11.27 ～ 1983（昭和 58）.12.27	安倍晋太郎
72	中曽根康弘（第 2 次）	1983（昭和 58）.12.27 ～ 1986（昭和 61）.7.22	安倍晋太郎
73	中曽根康弘（第 3 次）	1986（昭和 61）.7.22 ～ 1987（昭和 62）.11.6	倉成正
74	竹下登	1987（昭和 62）.11.6 ～ 1989（平成 1）.6.3	宇野宗佑

平　成			
75	宇野宗佑	1989（平成 1）.6.3 ～ 1989（平成 1）.8.10	三塚博
76	海部俊樹（第 1 次）	1989（平成 1）.8.10 ～ 1990（平成 2）.2.28	中山太郎
77	海部俊樹（第 2 次）	1990（平成 2）.2.28 ～ 1991（平成 3）.11.5	中山太郎
78	宮澤喜一	1991（平成 3）.11.5 ～ 1993（平成 5）.8.9	渡辺美智雄 武藤嘉文
79	細川護熙	1993（平成 5）.8.9 ～ 1994（平成 6）.4.28	羽田孜
80	羽田孜	1994（平成 6）.4.28 ～ 1994（平成 6）.6.30	羽田孜 (総理大臣による臨時代理) 柿澤弘治
81	村山富市	1994（平成 6）.6.30 ～ 1996（平成 8）.1.11	河野洋平
82	橋本龍太郎（第 1 次）	1996（平成 8）.1.11 ～ 1996（平成 8）.11.7	池田行彦
83	橋本龍太郎（第 2 次）	1996（平成 8）.11.7 ～ 1998（平成 10）.7.30	池田行彦 小渕恵三
84	小渕恵三 ※ 2000（平成 12）.4.3 ～ 4.5：脳梗塞による執務不能により、内閣官房長官青木幹雄が臨時代理	1998（平成 10）.7.30 ～ 2000（平成 12）.4.5	高村正彦 河野洋平
85	森喜朗（第 1 次）	2000（平成 12）.4.5 ～ 2000（平成 12）.7.4	河野洋平
86	森喜朗（第 2 次）	2000（平成 12）.7.4 ～ 2001（平成 13）.4.26	河野洋平

87	小泉純一郎（第 1 次）	2001（平成 13）.4.26 ～ 2003（平成 15）.11.19	田中眞紀子 小泉純一郎（総理大臣兼任） 川口順子
88	小泉純一郎（第 2 次）	2003（平成 15）.11.19 ～ 2005（平成 17）.9.21	川口順子 町村信孝
89	小泉純一郎（第 3 次）	2005（平成 17）.9.21 ～ 2006（平成 18）.9.26	町村信孝 麻生太郎
90	安倍晋三	2006（平成 18）.9.26 ～ 2007（平成 19）.9.26	麻生太郎 町村信孝
91	福田康夫	2007（平成 19）.9.26 ～ 2008（平成 20）.9.24	高村正彦
92	麻生太郎	2008（平成 20）.9.24 ～ 2009（平成 21）.9.16	中曽根弘文
93	鳩山由紀夫	2009（平成 21）.9.16 ～ 2010（平成 22）.6.8	岡田克也
94	菅直人	2010（平成 22）.6.8 ～ 2011（平成 23）.9.2	岡田克也 前原誠司 枝野幸男 （官房長官による臨時代理） 松本剛明
95	野田佳彦	2011（平成 23）.9.2 ～ 2012（平成 24）.12.26	玄葉光一郎
96	安倍晋三（第 2 次）	2012（平成 24）.12.26 ～ 2014（平成 26）.12.24	岸田文雄
97	安倍晋三（第 3 次）	2014（平成 26）.12.24 ～ 2017（平成 29）.8.3	岸田文雄
	安倍晋三 （第 3 次・第 3 次改造）	2017（平成 29）.8.3 ～ 2017（平成 29）.11.1	河野太郎
98	安倍晋三（第 4 次）	2017（平成 29）.11.1 ～	河野太郎

もっと学びたい人のために

- ここでは、各項目の「さらに学びたい人のために」から、さらに外交史を勉強したい方のための参考文献を挙げた。
- 入手しやすいものを原則とした。
- 本書の性質上、すべての参考文献を挙げていない。

◻ 全体を通して ◻

- 『岩波講座アジア太平洋戦争』全8巻、岩波書店、2005-2006年。
- 『岩波講座東アジア近現代通史』全10巻、岩波書店、2010-2011年。
- 『NHKさかのぼり日本史外交篇』第1～4巻、NHK出版、2012年。
- 『現代日本政治史』全5巻（第1巻は未刊）、吉川弘文館、2011-2012年。
- 『シリーズ日本近現代史』全10巻、岩波書店、2006-2010年。
- 有賀貞『国際関係史』東京大学出版会、2010年。
- 五百旗頭真編『戦後日本外交史（第3版）』有斐閣、2010年。
- 池井優『語られなかった戦後日本外交』慶應義塾大学出版会、2012年。
- 井上寿一『ブリッジブック日本の外交』信山社出版、2005年。
- 井上寿一編『日本の外交』第1巻、岩波書店、2013年。
- 伊藤整ほか『日本文壇史』全24巻、講談社、1994-1998年。
- 入江昭『日本の外交』中央公論新社、1966年。
- 入江昭『新・日本の外交』中央公論新社、1991年。
- 川島真ほか編『東アジア国際政治史』名古屋大学出版会、2007年。
- 北岡伸一『日本政治史』有斐閣、2011年。
- 坂野潤治『日本近代史』ちくま書房、2012年。
- 坂本一登ほか編『日本政治史の新地平』吉田書店、2013年。
- 佐道明広ほか編『人物で読む近代日本外交史』『人物で読む現代日本外交史』吉川弘文館、2008年。

- 中西寛『国際政治とは何か』中央公論新社、2003 年。
- ニッシュ、イアン『戦間期の日本外交』ミネルヴァ書房、2004 年。
- 初瀬龍平編『国際関係論入門』法律文化社、2012 年。
- 藤川隆男『人種差別の世界史』刀水書房、2011 年。
- 細谷雄一『国際秩序』中央公論新社、2012 年。

（※ミネルヴァ日本評伝選から、興味のある人物の伝記を読むのもオススメ。）

□ 第 1 部 □

- 秋田茂『イギリス帝国の歴史』中央公論新社、2012 年。
- 坂野潤治・大野健一『明治維新』講談社、2010 年。
- 五百旗頭薫『条約改正史』有斐閣、2010 年。
- 瀧井一博『伊藤博文』中央公論新社、2010 年。
- 丸山眞男『「文明論之概略」を読む』（上・中・下）、岩波書店、1986 年。
- 陸奥宗光『蹇蹇録』岩波書店、1983 年。
- 渡辺浩『日本政治思想史』東京大学出版会、2010 年。

□ 第 2 部 □

- 黒沢文貴『二つの「開国」と日本』東京大学出版会、2013 年。
- 酒井一臣『近代日本外交とアジア太平洋秩序』昭和堂、2009 年。
- 関川夏央・谷川ジロー『『坊っちゃん』の時代』全 5 部、双葉社、2002-2003 年。
- 千葉功『旧外交の形成』勁草書房、2008 年。
- 等松春夫『日本帝国と委任統治』名古屋大学出版会、2011 年。
- 原武史『大正天皇』朝日新聞社、2000 年。
- 矢野暢『「南進」の系譜・日本の南洋史観』千倉書房、2009 年

◻ 第3部 ◻

- 幣原喜重郎『外交五十年』中央公論新社、2007年。
- 高原秀介『ウィルソン外交と日本』創文社、2006年。
- 中村隆英『昭和経済史』岩波書店、2007年。
- 服部龍二『東アジア国際環境の変動と日本外交 1918-1931』有斐閣、2001年。
- 古川隆久『昭和天皇』中央公論新社、2011年。
- 三谷太一郎『新版大正デモクラシー』東京大学出版会、1995年。
- 簑原俊洋『排日移民法と日米関係』岩波書店、2002年。

◻ 第4部 ◻

- 小熊英二『〈日本人〉の境界』新曜社、1998年。
- 河西晃祐『帝国日本の拡張と崩壊』法政大学出版局、2012年。
- 酒井哲哉『近代日本の国際秩序論』岩波書店、2007年。
- 重光葵『外交回想録』中央公論新社、2011年。
- ダワー、ジョン『容赦なき戦争』平凡社、2001年。
- 波多野澄雄『太平洋戦争とアジア外交』東京大学出版会、1996年。
- 増田弘編『大日本帝国の崩壊と引揚・復員』慶應義塾大学出版会、2012年。

◻ 第5部 ◻

- 天児慧『アジア連合への道』筑摩書房、2010年。
- 北岡伸一『自民党』中央公論新社、2008年。
- 中曽根康弘『中曽根康弘が語る戦後日本外交』新潮社、2012年。
- 波多野澄雄・佐藤晋『現代日本の東南アジア政策』早稲田大学出版部、2007年。
- パッカード、R・ジョージ『ライシャワーの昭和史』講談社、2009年。
- 福永文夫『大平正芳』中央公論新社、2008年。
- 山本昭宏『核エネルギー言説の戦後史 1945-1960』人文書院、2012年。

あとがき

研究書を手にとったとき、私はよく「あとがき」から読みます。「あとがき」は、本論の部分とは違って、著者の「想い」が書かれてあることが多く、難しい本でも親しみがわくからです。この本は、難しくないように書いたつもりですが、私も「あとがき」では、個人的なことを書きます。

この本を書こうと思ったきっかけは、2年間、京都市立堀川高校で日本史を教えたことでした。大学教員をめざしていましたが、就職難と私の力不足でなかなか職はみつかりませんでした。30代の半ばになり、「困ったなあ」と落ち込んでいたとき、非常勤講師をしていた堀川高校で常勤講師をしてみませんかと誘われたのです。

いろいろな大学で非常勤講師をしていたのですが、私の授業はわかりやすいと言ってくれる学生さんがいて、いい気になっていました。しかし、高校の教壇に立った私は、すぐに行きづまりました。私の授業は難しすぎるとのこと。「歴史とは事項の羅列ではない、論理の部分が大事なのだ」と思っていたのですが、そこを話し始めるとみんなどんどん寝ていきます……。では、事項の確認をきっちりしようと思って、愕然としました。大学入試から20年近く経って、すっかり忘れていたのです。教科書を読むことから、私の人生2度目の入試用日本史の勉強がはじまりました。

この経験から、私はあることを考えはじめました。高校の授業と大学の授業は、位置づけも意義も違う。それでも、現在の大学の学習と高校の学習は違いすぎるのではないか。多くの大学生は、研究者になるわけではない。それなのに、大学では研究者の世界の論理が優先される傾向にある。もちろん、専門的で高度な内容の授業も必要だ。しかし、入門段階は、もっと簡単にしなければならないのではないか。

その後、縁あって、現在勤務している大学に就職しましたが、高校での経験から生まれた疑問は、私の頭から離れませんでした。そのうち「自分の専門分野である日本外交史で、入門の入門になるような本を書いてみたい」と思うようになりました。幸い前著でお世話になった昭和堂が、私の「想い」を受け入れてくれて、この本を書くことができました。

ところで、高校教師の生活は、研究とは関係のない、別の重要な経験にもなりました。毎朝決まった時間に起きて出勤し、共同で仕事をするということです。世間では当たり前、標準的なことです。それでも、私にとっては、明治の人びとが「文明国標準」にはじめて接したような気分でした。高校の教員は、授業だけしているわけではありません。校務の分担・部活の指導などもします。

そこで、またあることを考えはじめました。高校の先生は、大学のように研究する時間が与えられるわけではない。また、歴史に興味がある多くの方も、ゆっくり研究書を読む時間はない。でも、研究者は難解な専門用語を使い、注がたくさんついた論文や本で情報を提供しようとする。自分自身も高校の教員をしていて、「そんな難しい本をのんびり読む時間はない！」と叫びたくなる。

日本をとりまく国際情勢は厳しさを増しています。また、日本人の歴史認識の問題が深刻な外交問題を引きおこしています。近現代の日本外交史に関心を持つ方が増えているのではないでしょうか。「忙しい方々に、ちょっとした時間の合間に、簡単に読んでもらえる本を書いてみたい」。この点も昭和堂は了解してくれました。

こうした二つの「想い」から、この本を書きました。つまり、高校生や大学生、忙しい社会人の方に、あまり負担にならずに、日本外交史を学んでいただきたいということです。「想い」がどこまでうまく実現できたか自信はありませんが……。

この本を書くにあたっては、多くの論文・著書を参考にしました。本来ならば、すべてを挙げなければならないのですが、この本の目的が上に述べたようなことですので、注記していない研究もあります。先学の方々に感謝するとともに、ご了解を賜りたく存じます。

現在勤務している京都橘大学文学部歴史学科の先生方は、新入りのくせに生意気なことを言いつづける私を、暖かく見守ってくださっています。ありがとうございます。また、堀川高校時代には、多くの先生方にお世話になりました。とくに、日本史でコンビを組んだ木塚功一先生は、世間知らずなくせに傲慢な私を支えてくださいました。ありがとうございました。

昭和堂編集部の神戸真理子さんは、的確なアドヴァイスをして、「想い」を本にしてくださいました。また、森新太さん（大阪大学文学研究科）、矢嶋光さん（大阪大学法学研究科）には、本文のチェックや巻末資料作成をお願いしました。ありがとうございました。

この本を、私の「変な」授業を我慢して聴いてくれた、堀川高校のときの生徒諸君に捧げたいと思います。

2013年3月

酒井一臣

※本書は、科学研究費補助金（平成22～24年度）（若手B）「1930年代日本の国際秩序論の「社会外交史」的研究」の成果の一部である。

人名索引

あ行

池田勇人（1899-1965）　157, 173, 175, 177
井上馨（1836-1915）　33, 71, 73
伊藤博文（1841-1909）　25, 34, 42, 46, 51-52, 64, 73, 149
井上準之助（1869-1932）　105, 114, 122
ウィルソン（1856-1924　在任 1913-1921）　84-87, 91-92
大久保利通（1830-1878）　21, 25, 27, 84, 154

か行

加藤友三郎（1861-1923）　89
桂太郎（1848-1913）　51, 73, 96
岸信介（1896-1987）　166, 168, 173, 177
近衛文麿（1891-1945）　126, 129
小村寿太郎（1855-1911）　52-53, 63
ゴルバチョフ（1931-　）　192

さ行

西郷隆盛（1828-1877）　21, 23, 25, 27
サッチャー（1925-　在任 1979-1990）　190
佐藤栄作（1901-1975）　157, 175, 177, 184-185
重光葵（1887-1957）　133, 142, 184
幣原喜重郎（1872-1951）　76, 89, 91, 101, 112, 116, 146
周恩来（1898-1976）　182-183, 187
蔣介石（1887-1975）　102, 180
昭和天皇（1901-1989　在位 1926-1989）　97, 101-102, 126, 143-144, 174, 184-187
鈴木貫太郎（1868-1948）　126, 135-136, 146
スターリン（1878-1953）　135-136, 151-152
孫文（1866-1925）　100-101

た行

田口卯吉（1855-1905）　54-55
田中角栄（1918-1993）　182, 190
張作霖（1875-1928）　100, 102, 105, 113
東条英機（1884-1948）　134, 145, 169

鄧小平（1904-1997）　186
トルーマン（1884-1972　在任1945-1953）　135-136, 151, 153

な行

中曽根康弘（1918-　）　190
夏目漱石（1867-1916）　68
ニクソン（1913-1994　在任1969-1974）　179, 182-183, 188
新渡戸稲造（1862-1933）　94-95

は行

鳩山一郎（1883-1959）　155, 165-166, 184
原敬（1856-1921）　85, 88, 98
広田弘毅（1878-1948）　124-126, 155
溥儀（1906-1967）　116, 119
福沢諭吉（1835-1901）　17, 29-30, 40, 43, 67, 130
ペリー（1794-1858）　14, 16, 142

ま行

松岡洋右（1880-1946）　112, 117
マッカーサー（1880-1964）　142-144, 146-147, 153
陸奥宗光（1844-1897）　42, 46, 49
毛沢東（1893-1976）　180-181, 183

や行

与謝野晶子（1878-1942）　67
吉田茂（1878-1967）　146, 154-157, 164-165, 177, 179, 181, 191

ら行

ルーズヴェルト，セオドア（1858-1919　在任1901-1909）　63, 75
ルーズヴェルト，フランクリン（1882-1945　在任1933-1945）　135, 151
レーガン（1911-2004　在任1981-1989）　190-191

わ行

若槻礼次郎（1866-1949）　101, 107, 109, 113

事項索引

あ行

か行

さ行

た行

な行

は行

ま行

ら行

わ行

■著者紹介

酒井一臣（さかい・かずおみ）

1973年　岡山県生まれ
2003年　大阪大学大学院文学研究科文化形態論専攻修了、博士（文学）
2010年　大平正芳記念賞を受賞
　　　　京都橘大学文学部歴史学科助教を経て、
現　在　九州産業大学国際文化学部准教授
主著に『近代日本外交とアジア太平洋秩序』（2009年、昭和堂）などがある。

はじめて学ぶ日本外交史

2013年4月30日　初版第1刷発行
2019年6月10日　初版第3刷発行

著　者　酒　井　一　臣

発行者　杉　田　啓　三

〒607-8494 京都市山科区日ノ岡堤谷町3-1
発行所　株式会社　昭和堂
振込口座　01060-5-9347
TEL（075）502-7500 ／ FAX（075）502-7501
ホームページ http://www.showado-kyoto.jp

印刷　亜細亜印刷
装丁・本文デザイン　［TUNE］常松靖史

ISBN978-4-8122-1318-6
＊乱丁・落丁本はお取り替えいたします。
Printed in Japan